AF011277

Edith Krispien

Das unbekannte Ich

Ein System zur Selbsterfahrung
und
zur helfenden Betreuung

Weitere Informationen über den Verlag und sein Programm
unter:
www.buchmedia.de

Bibliographische Information der Deutschen Bibliothek

Die Deutsche Bibliothek verzeichnet diese Publikation in der
Deutschen Nationalbibliographie; detaillierte bibliographische
Daten sind im Internet über <http://dnb.ddb.de> abrufbar.

September 2005
Buch&media GmbH, München
© 2005 Edith Krispien
Umschlaggestaltung: Kay Fretwurst
Herstellung: Books on Demand GmbH, Norderstedt
Printed in Germany · ISBN 3-86520-135-0

Inhalt

Vorwort 7

Die Begegnung 11

Der Traum 20

Das Programm 29

Die Depression 37

Das System der Räder...................... 40

Arbeit mit Freunden 54

Vorschläge für Räder 56

Charaktereigenschaften und ihre Gegenkräfte 60

Abschied.................................. 67

Gebet um heilige Lebensführung 72

Das Modell für das Rad 75

Vorwort

Zur Einstimmung beginnen wir mit einer persönlichen Begegnung, sowie der genauen Betrachtung eines Traums und einer Depression. Für die Zeit dieser gemeinsamen Arbeit wird ein Urlaub oder eine Kur empfohlen, zumindest eine Zeit der Ruhe und Konzentration. Im Anschluss werden wir dann systematisch arbeiten, mit je einer Aufzeichnung von Eigenschaften, Bezugspersonen, Augenblicken tiefer Gefühle, Wünschen und Zielen von jedem, der dieses Buch liest und zu seinem eigenen Nutzen durcharbeiten kann.

Nach dieser Methode, die ich mein »System der Räder« nenne, weil alle Aufzeichnungen in vier gleich großen Feldern erfolgen, habe ich schon vielen Freunden eine gute Hilfe zur Bewältigung von Problemen geben können. Meistens waren es Teilnehmer meiner spirituellen Seminare, die besondere Situationen in ihrem Leben bearbeiten wollten, dazu haben wir dann nach dem Seminar einfach eine Zeit angehängt. Da ging es um loslassen, Vergebungsarbeit, leben im Vertrauen und Glauben. Dieses System ist jedoch neutral und universell gestaltet. Es stellt keine Vorbedingungen und lässt kein Gebiet aus.

Meine Lehrer in der Psychologie waren amerikanische Professoren, die durch einzigartige Methoden völlig neue Wege eröffnet haben. Sid Simon, Boston (Werte-Analyse).

Er war mein Hauptvorbild und Initiator für eigene Entwicklungen. Nach einer Reihe von europäischen Seminaren durfte ich einmal in Sagamore, USA, an einem Seminar über zwei Monate »Training for the Trainer« teilnehmen. Carl Rogers, San Francisco (Gesprächstherapie). Ich nahm über sieben Jahre lang an seinen europäischen Treffen in verschiedenen Ländern teil. Leonhard Shaw, Seattle. (Einer der Urväter der Gestalt-Therapie). Ich durfte ihm in »Etora«, Lanzarote, einmal bei einer Gestaltarbeit als Dolmetscherin dienen. Ich habe niemals einen Psychologen getroffen, der mit jeder Person in kürzester Zeit die innersten Wurzeln freilegen konnte, um dann mit einer Methode reiner Liebe zu einer Lösung zu führen. Ein interessantes Seminar erlebte ich auch einmal mit Daniel Casriel, New York (sein berühmtes Buch: »A scream away from happiness«). Mein Dank gilt auch Dudley Strassburg, Europa-Direktor von »AHP – Association for Humanistic Psychologie«, der in europäischen Ländern die Treffen mit berühmten Professoren organisierte. (Ich war 20 Jahre Mitglied dieser Institution), ebenso danke ich Dr. Thomas Bungardt, der mich in seinem Institut gelegentlich mit Meditationen arbeiten ließ. Er unterhält jetzt ein Gestaltinstitut in Marburg.

Neben den Psychologen gilt mein ganz besonderer Dank Wolfgang Maiworm, der auf der Insel Lanzarote eine Pyramide mit dem dazugehörigen Seminarzentrum Etora erbauen ließ, um seine ganz besondere Vision zu verwirklichen. Dieses Zentrum gab Menschen aus allen Interessengruppen die Möglichkeit, sich zu begegnen und miteinander zu arbeiten, sich auszutauschen und zu experimentieren, um so aus der Schmalspur ihrer eigenen Fakultät herauszukommen und ihr Bewusstsein zu erweitern. Die spirituelle Atmosphäre dieses Zentrums zog viele Menschen an. Seminare und Kongresse fanden dort statt, manche konnten direkt in der Pyramide arbeiten. Auch ich gehörte zu den Glücklichen, die dort Seminare rund zehn Jahre halten durften – Bibelseminare, Meditationen, Malgruppen und Charakterarbeit. Das Zentrum ist zurzeit geschlossen. Nach Renovierung und möglicher Erweiterung soll es wieder eröffnet werden.

Wolfgang Maiworm hat seine segensreiche Arbeit schon lange nach Villingen im Schwarzwald in den Johanniterhof verlegt und gibt das Magazin »Lebens(t)räume« heraus.

Auch dort treffen sich wie in »Etora« Künstler, Theologen, Psychologen und Wissenschaftler, und sie alle sind dadurch reicher geworden. Auch die zuvor genannten Personen hatten oft Begegnungen in beiden Zentren zu ihrem eigenen Erstaunen. Dieses Buch verdankt seine Entwicklung nicht zuletzt solchen Zentren für freies Lernen und Experimentieren. Meine Teilnehmer haben mir alle bewiesen, dass sie überreif waren für ein erweitertes Denken und ein spirituelles Leben. Wunderbare Freundschaften belohnten uns für die gemeinsame Arbeit.

Mein »System der Räder« ist nun in diesem Buch absichtlich kurz gehalten und enthält sechs Räder, entsprechend sechs persönlichen Sitzungen von etwa zwei Stunden. Es ist vollkommen ausreichend, um prägende Erinnerungen klar zu machen, in besonderen Lebenskrisen die Probleme aufzuzeigen und den Willen für die Lösungen zu festigen. Auch eine reine Charakterarbeit ist damit gut möglich und kann sogar Spaß machen. Dies ist ein Angebot für gesunde Menschen, die sich weiter entwickeln wollen und sich ihrer Fähigkeiten besser bewusst werden möchten. Das System ist ein Werkzeug, welches von Zeit zu Zeit wiederholt angewendet werden kann, wobei man die Fortschritte an sich selbst überprüfen kann, bis es möglich ist, auch anderen damit zu helfen. Dabei wird nichts in einen Menschen hineingetan; niemand wird mit Ratschlägen versorgt, die von außen aufgesetzt werden. Jeder arbeitet für sich selbst allein und gewinnt gerade damit eine Erweiterung seiner eigenen Kräfte. Es lohnt sich jedoch, die Ergebnisse der eigenen Aufzeichnungen mit einem Freund, einem Partner oder einem Familienmitglied gemeinsam zu betrachten. Auch mit Kindern kann dies sehr wertvoll sein. Es bildet Vertrauen und festigt Beziehungen, weil man den andern genauer kennen und verstehen lernt. Die Auswahl der Räder muss dann entsprechend darauf abgestimmt werden. Es macht auch Freude, weit mehr als ein Spiel, zu dem es keinen persönlichen Bezug gibt.

Und nun wird es Zeit für unsere Begegnung.

Edith Krispien

Die Begegnung

Etwas soll sich ändern in deinem Leben. Vielleicht sogar du selbst? Aber so einfach ist das nicht, dazu müsstest du dich erst einmal genau selber kennen. Und dann müsstest du ein Wunder an dir selbst vollbringen.

Ein Wunder empfinden wir, wenn vor unseren Augen ein Naturgesetz durchbrochen wird, zum Beispiel durch den Willen eines Menschen, der über besondere Kräfte verfügt und diese zum Zeugnis für die Existenz einer höheren Welt einsetzt. Kein Mensch hat etwas dagegen, auf diese Weise in seinem Glauben bestärkt zu werden, denn die Ungläubigen berufen sich schlicht auf das Fehlen von Wundern in unserer Zeit.

Jeder möchte selber Zeuge sein, wenn ein Wunder geschieht. Was nützt es, wenn es zweitausend Jahre her ist oder wenn man aus einem fernen Land von Wundertätern berichtet? Niemals scheint der allgegenwärtige Geist in unserer unmittelbaren Nachbarschaft zu wirken.

Bis zu diesem Punkt kennt fest jeder von uns die heimliche Sehnsucht nach einem Wunder. Wenn es aber darum geht, dass wir selber die Person darstellen, an der das Wunder vollzogen werden soll, ziehen sich die meisten erschrocken und mit verblüffender Bescheidenheit auf den Boden der realen Welt zurück. Furcht ergreift sie, als sollten sie zum erstenmal ein schützendes Nest verlassen, die traute Geborgenheit der als unverrückbar geglaubten Naturgesetze, der Glaubenshort der Ungläubigen.

Kein Wunder also, dass kein Wunder geschieht. Es soll in der Nähe sein, aber nicht zu nah, und schon gar nicht auf der eigenen Haut.

Für die Chancen zu einem besseren, von innen her völlig erneuerten Leben bleiben weiterhin die Pillen und die Lottoscheine zuständig.

Dieses Buch wendet sich daher an diejenigen, die mutig oder verzweifelt genug sind, um mit aller Kraft an einer Erneuerung ihres Lebens zu arbeiten. Wer sich eine Freizeit von drei Wochen leisten kann, oder sogar eine Kur von vier Wochen, ist glücklich dran. Ein Abstand von der gewohnten Umgebung ist eine gute Hilfe. Wer das aber nicht kann, muss sich eben innerhalb seines Alltags einen Freiraum schaffen, und die Arbeit, die wir gemeinsam planen, würde dann eben etwas länger dauern. Wir werden dem Wunder einen Boden bereiten. Es kommt plötzlich – zu seiner Zeit. Aber es wird geschehen! Wollen wir es wagen?

Für unsere erste Begegnung habe ich einen Wald gewählt, am Rande der Stadt. Ein Bus hat dort seine Endhaltestelle. Ein Kinderspielplatz ist da, ein kleiner See mit Enten und viele Bänke. Wir können uns kaum verfehlen. Wir werden uns so intensiv suchen, dass wir uns einfach erkennen müssen.

Mir ist zumute wie jemanden, der auf eine Partnervermittlungsanzeige geantwortet hat und nun zum erstenmal dem unbekannten Mann oder der unbekannten Frau gegenübertreten soll. Ein »blinddate«, wie man heute sagt. Und dir wird es wohl nicht anders gehen. Wir wollen uns treffen um der Chance willen, dass wir die Freundschaft miteinander schließen, mit der man fast alles vollbringen kann. Das Leben ist ohnehin eine Kette von mehr oder weniger glücklichen Begegnungen. Warum sollten wir nicht einmal Glück haben? Und wir bringen doch etwas mit, nicht wahr? Die Bereitschaft, den andern anzunehmen, wie immer er auch sein mag. Ihm zuzuhören, konzentriert und so lange wie nötig. Und uns auch selbst zu öffnen, mehr und mehr, bis es nichts mehr zu verbergen gibt.

Gewiss wird jeder seine Mucken haben, seine kleinen Webfehler und seine großen inneren Hindernisse. Manchmal reicht eine lebenslängliche Ehe nicht aus, um den andern bis zum Grund seiner Seele kennen zu lernen. Dann ist es eben einfach nicht gelungen, sich gegenseitig zu öffnen. Dann ist etwas schief gelaufen mit dem Vertrauen. Oder man hat nicht durchgehalten mit der Liebe zu sich selbst und zu dem Partner.

Wir beide – du und ich, haben nicht vor, ein Leben miteinander zu verbringen. Wir treffen uns für eine Freundschaft auf Zeit, für einige Wochen, in denen wir das bisherige Leben erneuern und in Ordnung bringen wollen. Zunächst gibt es mehr Neugierde als Vertrauen, mehr Mitgefühl als Sympathie, mehr Skepsis als Glauben – und den Mut der Verzweiflung. Das sind die Voraussetzungen, unter denen wir uns jetzt begegnen werden.

Ganz nüchtern betrachtet liegt zwischen unserer Freundschaft, falls sie wirklich gelingt, nur eine kleine Zeitverschiebung, die gar nicht wichtig ist. Man muss sich nur darauf einstellen, es verstehen lernen. Wir werden eine harte Arbeit miteinander tun, deren Ziel die völlige Wiederherstellung deiner seelischen und körperlichen Gesundheit ist, ebenso ein von dir selbst gestaltetes Programm für dein künftiges Leben und vielleicht – wenn du ehrlich darum ringst, ein erweitertes Bewusstsein, durch welches du das Leben auf eine bisher nicht gekannte Weise von innen her durchdringen kannst.

Unsere Arbeitsteilung sieht zunächst so aus, dass ich hier, gerade jetzt, dieses Buch schreibe, welches der Mittler unserer Begegnung ist. Während du, gerade jetzt, dieses Buch zu lesen beginnst, in dieser Mischung von Hoffnung und Vorbehalt, wie man es eben vor der ersten Begegnung empfindet. Deine Lesezeit ist ein anderes »jetzt«, genauso wirklich wie meine Zeit in diesem Augenblick, und genauso wirklich wie unsere Freundschaft sein wird und sein muss, wenn wir erfolgreich sein wollen.

Nun treffen wir uns also am Rande des kleinen Stadtwäldchens, mein mit Freuden erwarteter Unbekannter, meine Unbekannte. Ich weiß ja nicht einmal, ob du ein Mann oder eine Frau bist. Ob du jung oder alt bist. Ob du körperlich schwer leidend bist oder einfach nur erschöpft, aufgerieben, überfordert durch dein Alltagsleben, dem du jetzt für einige Zeit entfliehen willst.

Ich weiß auch nicht, ob unser Wäldchen jetzt, wenn du zu lesen beginnst, zarte grüne Blätter hat, oder – ob die gleichen Blätter dreimal so groß bunt verfärbt durcheinander fallen, oder ob die kahlen Zweige mit Raureif oder Schnee bedeckt sind. Du allein weißt das. Ich erwähne dies, weil es eindeutig zeigt, dass keiner von uns dem andern gegenüber im Vorteil ist. Wir sind uns fremd, haben ganz verschiedene Lebenszirkel, verschiedene

Blickwinkel und Kenntnisse, und der Weg zum andern ist von beiden Seiten gleich weit. Es ist die mühevolle Kleinarbeit einer Freundschaft, sich gegenseitig den eigenen Sichtkreis zu beschreiben, Irrtümer immer wieder auszukämmen, bis allmählich einer dem andern zutraut, dass er ihn versteht.

Mit großer Neugierde warte ich auf dich, mit ein wenig Bangen und mit einer Art Liebe, die keine Bedingungen stellt. Jedenfalls keine äußerlichen. Du könntest ein alter Mann sein, dem das Gehen schon schwer fällt, und der vielleicht nur heute aus einer kleinen Eitelkeit heraus seinen Stock zuhause gelassen hat. Du könntest eine Frau sein, die längst vergaß, dass sie schön ist. Die einen Beruf und eine Familie hat und von dieser Doppelbelastung nur eine Atempause sucht. Du könntest ein junger Mann oder ein junges Mädchen sein, nach einem schweren Unfall in einer Klinik aufgewacht und mit einer schrecklichen Wahrheit konfrontiert – es gibt ja tausend Gründe für die Notwendigkeit einer tiefgreifenden Erneuerung im Leben eines Menschen.

Theoretisch gibt es allerdings noch eine seltene Möglichkeit: Du könntest eine junge Frau oder ein junger Mann sein, kerngesund, ohne Schmerzen, schlank und elastisch, mit einem fröhlichen Charakter begabt, der sich vor der Zukunft nicht fürchtet. Und doch klug genug, einer von Tausenden, die ihre Gesundheit erhalten und festigen möchten, bevor sie im Sog falscher Lebensgewohnheiten langsam aber sicher zerbricht. Ach, wie sehr würde ich es dir gönnen, einer von diesen Wenigen zu sein! In diesem Falle würde ein einziger Meditationsurlaub genügen, um dich für den Rest deines Lebens eine Richtung einschlagen zu lassen, in der alle deine Kräfte sich mit einem Höchstmaß zu deinen Gunsten entfalten würden. Im Extremfall genügt auch ein einziger Tag in tiefer Besinnung oder eine Gebetsnacht. Es ist ein dynamisches Prinzip, das fortlaufend weiter wirkt. Aber darüber werden wir später noch reden. Wer bist du? Und warum kommst du hierher?

Hast du nun schon eine Ahnung von mir, so dass du mich erkennen könntest, dort am Rande unseres Stadtwäldchens?

Ich will es dir nicht allzu schwer machen. Einiges weißt du ja schon. Zum Beispiel, dass ich eine Frau bin. Ich bin blond, mittelgroß und mittelschwer. Über Gewicht reden wir natürlich auch noch. Sollte Übergewicht dein Problem sein – damit werden wir fertig. Auch mit Suchtproblemen verschiedener Art. Ich bin auf Schlimmeres gefasst, auf mehr als du selber von dir weißt.

Ich trage sportliche Kleidung, habe gern die Hände in den Manteltaschen und lasse meine Haare frei herumfliegen, weil ich Hüte hasse. Wenn es allzu kalt wird, setze ich Strickmützen auf.

Jetzt erkennst du mich also, und da sind wir nun. So ganz plötzlich steht man sich gegenüber und alles Rätselraten scheint vorbei zu sein. Etwas linkisch geben wir uns die Hand und beginnen in eine Richtung zu spazieren. Wie schön sind diese ersten Augenblicke; dieses noch unbeschriebene Blatt für eine neue menschliche Beziehung. Wir reden gar nicht. Nicht jetzt. Wir gehen einfach weiter, schweigen und warten.

In den gemeinsamen Wochen, die vor uns liegen, werden wir sehr viel zusammen sein. Das ist unerlässlich und die Zeit ist kurz. Morgen fangen wir mit der Arbeit an.

Ja, ich weiß! Du hattest eine andere Vorstellung von mir. Mir geht es nicht anders. Immer stehen unsere Bilder zwischen uns und der Wirklichkeit. Deshalb ist die berühmte Liebe auf den ersten Blick so faszinierend für die meisten Menschen. Davon träumen sie alle. Gegenseitig magnetisch angezogen werden, sich verlieben, sich finden, sich nie mehr verlassen. So einfach wäre das. Das Ende aller Probleme. Warum klappt das nur so selten? Ja, da kommt eben noch der zweite und der dritte Blick, und der Zehntausendste … Und immer noch ist der andere ein teilweise Unbekannter. Immer noch verwandelt sich sein Gesicht, kommen Überraschungen aus seinem Wesen. Und ganz besonders dann, wenn der erste Augenblick so magnetisch war, ein ganzes Feuerwerk süßer Illusionen.

Sind wir da nicht schon ein wenig besser dran, mit unserem ängstlichen und nüchternen Anfang, die ganze Begegnung einem Zweck zugeordnet, einem Experiment und einer gemeinsamen Aufgabe?

Während ich neben dir hergehe, versuche ich deine Atemzüge zu hören. Das ist es, was wir alle gemeinsam haben: Die Atemzüge und den Herzschlag, die elementarsten Anzeichen unseres Lebens. Diese Atemzüge binden uns an diese Welt, an unseren Körper. Sie zwingen uns, leben zu wollen, Nahrung aufzunehmen, für die Nahrung zu arbeiten, für noch mehr Nahrung Karriere zu machen, diese sanften, fast unhörbaren Atemzüge. Sie haben eine große Macht über uns. In diesem Augenblick werde ich mir bewusst, dass ich selber atme. Wie viele tausend Atemzüge werden wir zusammen tun, du und ich, in dieser Welt und in diesen Körpern, während wir versuchen werden, das Leben in einer Tiefe zu fühlen, in der man das Atmen fast vergisst?

Morgen. Heute noch nicht. Wenn wir weniger eilen, werden wir mehr von der kostbaren Zeit gewinnen.

Eine uralte Weisheit. Es wird schon Abend. Falls du in deinem gewohnten Umfeld bleiben musst, versuche dich auf ein ruhiges Plätzchen zurückzuziehen. Wenn du aber Urlaub machen konntest, oder in einem Kurort angereist bist, umso besser. Ich will mal bis auf weiteres davon ausgehen. Dann wirst du dich jetzt in deinem Zimmer umsehen, den Koffer auspacken, ein Radio an- und wieder abschalten, in eine Zeitung flüchtig hineinschauen und unruhig aus dem Fenster sehen. Dann sind da die Anmeldeformalitäten, die Platzanweisung im Speisesaal, viele fremde Gesichter – ein bisschen viel auf einmal. So oder so – wie immer du dir unsere gemeinsame Zeit gestaltest, du brauchst Ruhe für dich selbst, eine Möglichkeit, dich von deiner Umwelt zurückzuziehen.

Ich lasse dich allein. Wir werden nicht zusammen essen. Wir werden uns am heutigen Tage auch später nicht mehr treffen, obwohl wir viel besprechen könnten. Sei allein. Unruhe und schlechter Schlaf sind ohnehin normal am ersten Tag, wenn man eine innere Reise plant, die zu großen Veränderungen führen soll.

Da ist ein Krimi in deinem Handgepäck, und auf deinem Nachtschränkchen findest du eine Bibel. Und da ist deine Briefmappe, zusammengepackt in der Hoffnung, dass dir die Ruhestunden in der nächsten Zeit helfen könnten, wenigstens deine Briefschulden wegzuschaffen. Es könnte natürlich auch ein Laptop sein, mit dem du deine E-Mails schreibst. Das erinnert mich wieder daran, dass du ja jung oder alt sein könntest, mit

neuester Technik vertraut oder altmodisch konservativ. Lass das beiseite. Du bist zu unruhig für alles. Du wirst heute Nacht noch lange die Augen offen halten und grübeln, ohne richtig denken zu können.
 Morgen!
 Ich werde kommen, um dich zu wecken.

Der Traum

Ich stehe am Fenster in deinem Zimmer und warte darauf, dass du meine Gegenwart im Schlaf zu spüren beginnst. Es ist 5.30 Uhr. Ob du nun in einem Kurhaus bist oder in deinem gewohnten Zuhause – bald klingelt der Wecker zur täglichen Routine. Aufstehen, duschen, Morgenlauf – vielleicht ein Schwimmbad.

Alles ein wenig in Eile, denn um 7.45 gibt es Frühstück. Es bleibt dir also noch eine halbe Stunde zur Beschäftigung mit deinen Träumen, und weil das von einer kaum vorstellbaren Wichtigkeit ist, deshalb bin ich hier.

Du bist in diesem halbwachen Zustand, in dem du die Träume noch deutlich vor dir hast, und sie doch noch nicht im vollen Wachzustand in dein Gedächtnis übernimmst. Eine sehr wichtige Zeit, denn genau jetzt kannst du dir deinen Traum merken, indem du ihn in deiner Vorstellung wiederholst und befestigst. Es empfiehlt sich auch, am Bett ein Blatt Papier und einen Stift bereitzuhalten, um sich beim vollen Erwachen wenigstens Stichworte über den Traum aufzuschreiben. Das kann später helfen, ihn zurückzuholen.

Träume sind Botschaften aus verschiedenen Ebenen. Bilder, Ereignisse und Personen stammen aus dem Archiv unserer Erinnerungen, dem Unterbewusstsein. Aus ihnen sind die intelligenten Traumgeschichten zusammengesetzt, die uns zur Erziehung unserer Seele gegeben werden, zur Klärung einer Situation im äußeren Leben, oder zur Hilfe bei Entscheidungen. Da haben wir schon gleich zwei Traumschlüssel, die wir vor jeder Traumauslegung auswählen müssen: Bei meiner Methode bezieht sich der zweite Schlüssel auf Ereignisse in der Außenwelt, unserem physischen Leben. Er betrifft Entscheidungen, Ermutigungen und Warnungen, die uns selbst betreffen.

Der erste Schlüssel wäre dann ein prophetischer Traum, der nicht für uns selbst ist, sondern für andere gegeben wird, ebenfalls in der Außenwelt. Ein klassisches Beispiel in der Bibel ist dafür der zweifache Traum des Pharaos, mit den sieben fetten und sieben mageren Kühen, den Joseph dann als Warnung für eine siebenjährige Hungersnot im ganzen Land auslegt. Bei normalen Menschen wie du und ich sind solche Träume sehr selten, und wenn sie da sind, wird uns auch gesagt, dass sie nicht für uns allein gegeben wurden.

Damit kommen wir zu der Frage: wer gibt uns die Träume? Sie sind so intelligent zusammengestellt, dass hier selbst für Ungläubige klar wird, dass dies nicht allein die Leistung unseres Unterbewusstseins ist. Also wer? Auch hier gibt die Bibel eine Antwort. Da haben wir eine besonders hübsche Stelle bei dem Propheten Sacharja im vierten Kapitel: »Abermals kam der Engel, der mit mir redete und weckte mich wie einen, der aus dem Schlafe aufgeweckt wird. Und er sprach zu mir: Was siehst du?« Also es ist ein Engel, den wir jetzt weiterhin mal den Träumer nennen werden. In jedem Fall wird klar, dass die Traumgeber aus einer höheren Welt kommen, von wo aus sie Menschen beobachten und betreuen. Der Begriff Schutzengel ist uns ja allen vertraut, obwohl der Träumer hier nicht identisch sein muss. Es könnten im Laufe unseres Lebens auch verschiedene Engel sein, die uns die Träume geben. Im 16. Psalm, Vers 7, heißt es: »Ich preise den Herrn, der mich beraten; auch des Nachts mahnt mich mein Inneres.« Eine schwebende Aussage.

Sehr treffend finde ich auch die Formulierung bei dem Sacharja am Anfang des 4. Kapitels sagt: »Abermals kam der Engel, der mit mir redete, und weckte mich wie einen, der aus dem Schlafe aufgeweckt wird«. Der träumende Mensch schläft ja körperlich weiter, und doch wird er wach und kann im Traum viel erleben. Er kann sehen und hören, fliegen und fühlen und sprechen. Als Nächstes fragt der Engel »was siehst du?«. Nun muss der Mensch mitarbeiten und nachdenken. Im Verlauf dieses vierten Kapitels fragt der Engel auch »weißt du nicht, was es bedeutet? (Vers 5 und 13)«. Und erst, als Sacharja es nicht versteht, bekommt er die Bedeutung dazu. In diesem Fall ist es jedoch ein prophetischer Traum, also nach dem ersten Schlüssel auszulegen. Deshalb musste er es genau wissen.

Für uns werden jedoch die Träume wichtig, die unser Leben in dieser Welt betreffen, das wäre der zweite Schlüssel, und die Träume, die zur Klärung und Erziehung unserer Seele gedacht sind, das wäre der dritte Schlüssel. Dieser ist der häufigste. Wenn wir nun aufwachen und uns erinnern, müssen wir vor der Auslegung entscheiden, nach welchem Schlüssel wir den Traum auslegen wollen. Es ist nach einiger Übung sehr leicht zu unterscheiden.

Bei dem zweiten Schlüssel, der wirklich viel seltener vorkommt, sind alle Personen, die wir sehen, genau dieselben wie im wirklichen Leben. Der Traum bezieht sich ja dann auch auf eine reale Situation, bei der wir eine Hilfe bekommen sollen.

Bei dem dritten Schüssel geht es um die Erziehung

unserer Seele, und hierfür sind die Engel ja weit eher zuständig, als für Beratungen und Schutzfunktionen in der Außenwelt. Hier müssen wir lernen, symbolisch zu denken und alles richtig zu entschlüsseln. Auch Personen sind jetzt Symbole. So wie der Direktor eines Marionettentheaters die Puppe aus der Kiste holt, die für bestimmte Eigenschaften steht, wählt unser Träumer aus unserem Archiv die entsprechende Puppe aus. Das ist nicht ganz einfach, eher so etwas wie Nüsse knacken mit der Hand. Aber wir können es lernen, und es macht auch Spaß. Wir werden mit der Zeit diese Bildersprachen des Träumers genauso gut beherrschen wie die Sprache aus Worten. Und dabei entwickeln wir eine regelrechte Partnerschaft mit unserem inneren Lehrer aus der höheren Welt. Denn wenn er erst einmal merkt, dass wir mit den Träumen arbeiten, wird er richtig aktiv.

Wenn es uns gelingt, in dieser kostbaren halben Stunde zwischen Schlaf und wachen wie ein aufmerksamer Amateurfunker am Empfangsgerät zu sitzen, ist die Hälfte unserer Arbeit schon fast getan. Auf der Ebene deiner Träume findet ein Zusammenwirken aller Kräfte statt, die deine Existenz bestimmen.

Der unruhige Schlaf der letzten Nacht, vielleicht in fremder Umgebung, war eine gute Gelegenheit zum Träumen. In Ausnahmesituationen erkennt unser Träumer die Probleme klarer als sonst, und die Traumbotschaften sind deshalb leichter zu entschlüsseln. Du hast eine Kur oder einen privaten Urlaub angetreten. Diese Zeit soll deiner Regenerierung gewidmet sein, der körperlichen und seelischen Gesundung und Erneuerung. Ein klares Ziel in groben Umrissen.

Die Loslösung von der gewohnten Umgebung ist eine

große Hilfe. Da wäre deine Wohnung, dein Arbeitsplatz, deine Familie, deine Nachbarn, aber auch die Loslösung von Haustieren, von Gegenständen, von Gewohnheiten. Das sind ganz verschiedene Loslösungsprozesse, von denen einige auch auf dich zutreffen werden.

Die praktisch gleichzeitig zu erfüllende Aufgabe ist die Eingewöhnung in die neue Umgebung. Da sind fremde Gegenstände, andere Farben, weniger Fülle an Einzelheiten, was zugleich beruhigend und ernüchternd ist; ein anderes Bett, ein anderer Blick aus dem Fenster. Es riecht anders. Dein Träumer weiß das genau, und er will mit dir reden. Und du empfindest das zuerst als Störung, als schlechten Schlaf. Du hast dich auf diesen Freund in deiner Tiefe noch nicht eingestellt.

Er wird dir eine einfache Bildergeschichte zusammenstellen und dir einen kleinen Film vorführen, in den alles hineinpasst: Die Entwöhnung, die Umstellung, das Ziel und der Weg. Er will dich erreichen und mit dir arbeiten, dich trösten, ermahnen und dir eine prophetische Vorschau geben auf das, was geschehen wird.

Hier wird es unheimlich, das ist richtig. Wenn du jedoch lernst auf deine Träume zu lauschen und die Botschaften zu erkennen, wirst du unzweifelhaft die Erfahrung machen, dass etwas in dir Geschehnisse voraussehen oder -fühlen kann. Die Fähigkeit hierzu liegt in uns allen, sie wird nur zu wenig beachtet und entwickelt. Träume können belehrend oder zukunftsweisend sein; sie spiegeln unsere Ängste und Wünsche. Selbst wenn sie wild und verworren erscheinen, so sind die Bilder doch aus unserer eigenen Vorstellungswelt zusammengesetzt. Deshalb können wir jedes Symbol entschlüsseln, wenn wir nur ein wenig nachdenken.

Wenn du jetzt aufwachst, sei vorsichtig. Tue keinen sportlichen Sprung auf deine Füße zwecks Morgengymnastik. Damit gehen Träume für immer verloren. Sie kommen dir überhaupt gar nicht erst in dein Bewusstsein. Dein Atem wird schon flacher. Was siehst du? Jede Kleinigkeit ist wichtig. Dein Träumer wird dir mit Freuden dabei helfen dich zu erinnern, denn er erkennt sofort seine große Chance, endlich, endlich dein Bewusstsein zu erreichen mit all seiner Arbeit, die er für dich tut. Sobald du hellwach bist, kann der Traum in zwei Minuten zerronnen sein. Die sicherste Möglichkeit, einen Traum nicht zu verlieren, ist ihn im Halbschlaf zu wiederholen und nachzuerzählen. Während man sich die Bilder in Worte übersetzt, ist der entscheidende Übersetzungsvorgang zwischen den Symbolen bereits vollzogen und die Einprägung in unser Gedächtnis erfolgt. Worte sind ja auch Symbole und doppelt genäht hält besser.

Für dieses Mal ist dein Traum wohl schon verweht. Aber du wirst es lernen, deine Träume zu behalten. Ganz sicher.

Zum Trost erzähle ich dir einen Traum, den ich einmal vor Antritt einer Kur hatte. Ich höre eine Stimme, die zu mir sagte: Suche nicht gleich Kontakte mit Menschen. Sei hauptsächlich allein. Du wirst diese Zeit für dich allein dringend brauchen. Öffne dich anderen Menschen nur, wenn zwei Bedingungen erfüllt sind: Wenn die Zigarette gelöscht und der Diamantring vom Finger entfernt wird. Da musste ich schon ein wenig nachdenken. Da ich selbst Nichtraucher bin, kam hier nur die symbolische Bedeutung infrage. Also war es ein Lehrtraum nach dem dritten Schlüssel. Und die Zigarette übersetzte ich mit etwas, was überflüssig war und mich ablenkte.

Der Diamantring, den ich auch nicht besitze, konnte ich ganz leicht als Statussymbol deuten, wie zum Beispiel Titel, Besitz, Autoritätsanspruch. Und diese beiden Voraussetzungen für eine wertvolle Begegnung mussten auf beiden Seiten erfüllt werden.

Wäre ich jedoch Raucher gewesen, hätte ich wohl den Traum als Wink gedeutet, das rauchen aufzugeben, das wäre dann der zweite Schlüssel, der Bezug zur Außenwelt. Mein Träumer hatte also die Bilder so gewählt, dass dieser Irrtum gleich ausgeschlossen war. Und schließlich offenbarte mir der Traum auch noch, dass ich auf meine eigenen Gefühlsfeuerchen und Eigenwertplaketten zu achten hatte, bevor ich es verdiente, dass ein anderer Mensch sich mir öffnete. Dieser Traum begleitete mich durch die folgenden Wochen und diente mir als Maßstab. Zwei Freundschaften belohnten mich dafür: Die Freundschaft zu einer Ordensschwester, die während einer Bahnfahrt geschlossen wurde, und die für mich sehr wichtige Freundschaft mit einem Mann, der das Leben mit einem scheuen Respekt liebte, was immer ihm auch widerfahren mochte.

Da war aber noch ein anderer Traum, deutlich spiritueller, viel früher, und für mein ganzes Leben wichtig. Ich konnte ihn nie vergessen und traf immer wieder in besonderen Situationen auf seine Erfüllung: Ich stand auf einer schmalen Landzunge. Links von mir ein dunkler Fluss, auf dem ein weißer Schwan war. Rechts von mir ein gläsernes Meer, welches sich senkecht wie eine Wand erhob. Glasklares Wasser, von innen leuchtend. Der Schwan tat mir Leid auf seinem dunklen Wasser. Ich griff ihn und setzte ihn rechts an die hohe Wasserwand, wozu ich mich nur drehen musste, ohne einen Schritt zu tun. Der Schwan breitete seine Schwingen aus und begann aufwärts zu steigen. Da bekam ich Angst. Ich erwischte ihn gerade noch an den Füßen, holte ihn zurück und setzte ihn wieder auf den dunklen Fluss. Wie wäre es – willst du mir diesen Traum nicht einmal auslegen? Ich wähle natürlich den dritten Schlüssel. Ein Lehrtraum für meine Seele, langfristig auf mein Leben abgestimmt. Also?

Ich habe oft darüber nachgedacht. Immer, wenn ich Angst vor meinem eigenen Mut bekam und zögerte, war es wohl ein Moment, wo ich das arme Tier auf den Platz zurückgesetzt habe, wo es sich nicht entfalten konnte. Das soll dir nicht passieren! Und jedes Mal, wenn ich in meinem Leben der inneren Stimme gehorchte und furchtlos weiterging, was auch immer geschehen würde … dann breitete der Schwan seine Schwingen aus auf dem leuchtenden Wasser, so als sei er endlich, endlich nach Hause gekommen. Viel später entdeckte ich ganz zufällig, dass auch die Bibel ein solches gläsernes Meer beschreibt, und zwar in der Offenbarung, Kapitel 4, Vers 6: »Und vor dem Thron ist es wie ein gläsernes Meer gleich Kristall.« Da habe ich nicht schlecht gestaunt. Dieses Meer gehört also nicht mir, und der Schwan auch nicht. Du darfst sie dir gern zu Eigen machen.

Die Morgenroutine kommt jetzt, der Gang in das Badezimmer, der Blick in den Spiegel. Nimm dir Zeit dazu, schau genau hin! Magst du dich leiden? Lächelst du dir zu? Oder wendest du dich griesgrämig und unzufrieden von deinem eigenen Spiegelbild ab? Mit diesem Bild wirst du dich in jedem Falle noch näher befassen müssen. Denn wenn du es nicht tust, wer sonst sollte es für dich tun? Du bist dir selbst in die Hände gegeben, dir selber anvertraut. Was dir der Spiegel zurückwirft, ist das, was du aus dir gemacht hast, in deinem ganzen Leben – bis jetzt. Ja, auch andere haben daran mitgewirkt. Aber was immer außen um dich herum geschah, das lag bei dir. Dementsprechend wirst du jetzt im Spiegel ein Gesicht mit Zuversicht und Vertrauen sehen, oder ein anderes mit Bitterkeit und Resignation.

Vielleicht wirst du überrascht sein, wenn ich dir sage, das ist fast egal. Wir beginnen einfach auf dem Grund zu bauen, der gegeben ist. Ein zu zuversichtlicher Mensch mag die Notwendigkeit, an sich zu arbeiten, unterschätzen. Ein zu verbitterter Mensch mag es von vornherein für sinnlos halten. Das sind starke Hindernisse, aber keine unüberwindbaren. Wo immer du dich selber einordnest, von diesem Standort aus kannst du dich selber reinigen und erneuern, das Leben neu annehmen.

Nun wünsche ich dir zu deinem Frühstück guten Appetit. Nachher besprechen wir unser Programm.

Das Programm

In deinem Kurort gibt es ganz sicher eine Parkanlage, die bis an den Waldrand reicht. Eine Bank, die in einem hübschen Winkel zwischen Büschen und Bäumen steht, wird unser künftiger Treffpunkt sein.

Ich sitze bereits dort, am Nachmittag deines ersten Tages, und warte auf dich. Auf etwa zwanzig Schritt kann ich erkennen, dass du nicht lächelst wie bei der ersten Begegnung zwischen uns. Durch einen etwas unwirschen Ausdruck zeigst du, dass man dich den ganzen Tag von einem Termin zum andern gehetzt hat, bis alle so genannten Kuranwendungen eingetragen und Untersuchungen erledigt waren. Da gibt es Massagen, Bäder, sportliche Übungen, Lehrvorträge, Diät und sogar angeordnete Ruhezeiten. Ein Tag voller Stress, fast wie im Arbeitsalltag. Ob nun hier oder dort – für unsere Arbeit musst du dir die Zeit nehmen.

Setz dich zu mir und atme aus. En Riesenprogramm. Na wenn schon! Wir lassen es geschehen in der Zuversicht, dass es vermutlich nützt und nicht schadet. Nur eines ist nach meiner Meinung gewiss: Wer seine Hoffnungen allein auf medizinische Maßnahmen setzt, wird selten Wunder erleben. Ich habe viele Menschen Kuren machen sehen und sie sehr aufmerksam beobachtet. Sie haben eben doch den so genannten Kurlaub gemacht: Mal ausspannen, heraus aus dem Alltag sein und dabei einige nützliche Kuranwendungen mitnehmen. Und in den meisten Fällen hat es sich dann gezeigt, dass man bei diesem Abschalten zwar kurzfristig erfrischt in das alte Leben zurückkehren kann, jedoch mit einem tiefgreifenden Erfolg nur dann belohnt wird, wenn man sich von innen heraus eine völlige Lebenserneuerung erarbeitet hat.

Wer sein Leben nach dem alten Muster wieder aufnimmt, müsste doch eigentlich wissen, dass er dabei einmal krank geworden ist und es vermutlich auch wieder werden wird.

Damit du nicht einer von diesen Fällen sein wirst, möchte ich mit dir praktisch das Gegenteil von abschalten, ausspannen und davonlaufen praktizieren: Eine stufenweise Meditation, eine gründliche Betrachtung deiner gegenwärtigen Lebenssituation, Lösung und Erneuerung in allen Schichten der Seele, soweit wir den Zugang dazu frei machen können. Und schließlich der Bau am Modell deines neuen Lebens, ein »von nun an ...« So phantastisch es auch klingen mag – es ist möglich!

Dafür haben wir nun unsere geheimen Treffen und Spaziergänge, oder – wenn wir es mal realistisch ausdrücken wollen: deine Lesezeit mit diesem Buch, in dem ich ganz zu deiner Verfügung stehe außerhalb des Routineprogramms, für die Arbeit an dir selbst, welche den eigentlichen Kurerfolg bestimmen wird.

Niemand kann es ganz allein tun. Da ist immer eine Hilfe, ein Freund, ein Buch, eine Kirche – jemand der zuhört. Oder wie in unserem Falle – eine verschworene Gemeinschaft auf Zeit, die alles umschließt, wirklich alles. Ein bisschen Mut gehört schon dazu; wir sind alle Feiglinge. Besonders wenn wir merken, was es heißt, sich

ganz zu öffnen und einen andern, der sich ganz öffnet, anzunehmen. Wenn sich nach dem anfänglichen Spaß herausstellt, wie weh das tut. Aber an diesen Schmerzen kommt man nicht vorbei. Ohne sie gibt es kein Wachstum, keine Erneuerung. Auch der Bauer muss ein Feld umpflügen, bevor er neu säen kann. Nach der nachfolgenden Zeit muss er mit Vertrauen warten können, bis endlich die Erntearbeit getan werden darf.
Nun wollen wir ein Programm machen. Wie möchtest du diese kostbaren Freistunden nützen, die dir neben dem Kurplan noch übrig bleibt?

Ach ja, du bist schon an einer Menge von Plakaten vorbeigegangen. Die Kurverwaltung war nicht faul. Man bietet bunte Unterhaltungsabende an, sieben Tage in der Woche. Für Zerstreuung ist gesorgt. Erholung von den Kuranwendungen. Kontaktmöglichkeiten auf breiter Basis. Und wenn man sich umschaut in den Kurorten, dann sieht man, wie hungrig die Kurpatienten von diesem Angebot Gebrauch machen, wie nötig sie etwas seelischen Auftrieb haben, wie sehr sie sich nach einem Freund sehnen.
Wenn du neugierig bist und dabei sein möchtest, geh nur hin. Es ist ja nichts verboten. Vermutlich wirst du dich nicht sehr lange gut unterhalten. Und die Kontakte mit Menschen, deren Kontaktfähigkeit erst wieder aufgebaut werden muss, sind auch oft eher belastend als helfend. Du wirst es sehen. Noch bist du nicht gesund. Sei lieber ein bisschen selbstsüchtig und bleibe allein. Es ist deine kostbare, unwiederbringliche Zeit, die hier zu deiner Genesung dienen soll. Wenn du dein Ziel erreicht hast, wirst du hinausgehen und andere an deiner Kraft

teilhaben lassen. Aber jetzt noch nicht, wenn du es wirklich ernst meinst. Jetzt bist du in einer Klausur, und das darfst du sogar genießen.

Ich spüre in dir eine Unruhe und ein leises Misstrauen. Das hört sich an, als ob ich mit dir eine militärische Grundausbildung vorhätte, während die anderen sich in voller Freiheit amüsieren dürfen, nicht wahr? Ganz so schlimm ist es nicht, aber unser Genesungsprogramm sieht vor, dich aus der Kur als einen Menschen zu entlassen, der in Zukunft einer höheren Freiheit teilhaftig ist. Du wirst die Freiheit erringen, du selbst zu sein – ohne jede Sucht oder Anhängigkeit, ohne unechte Gefühlsbindungen, ohne fanatische Ansichten. Du wirst dir jedes Vergnügen gönnen dürfen, welches du wirklich frei wählst. Du wirst dich nicht amüsieren, weil du vor etwas davonläufst, sondern weil jeder Tag deines Lebens eine erlesene, bewusste Zusammenstellung sein wird.

Für die Erlangung einer solchen Freiheit wirst du nicht nur diese Wochen voll einsetzen müssen; die eigentliche Voraussetzung ist ein starker Wille. Denn den wirst du brauchen, wenn du in Panik gerätst. Anstelle von Unterhaltung erwarten dich Einsamkeit, Depressionen, Fasten, opfern und loslassen, alles abgeben, was zwischen dir und deinem Ziel steht. Und du könntest dich selbst überraschen. So manches, was dir gestern noch lästig war, willst du jetzt festhalten.

Hab doch keine Angst! Es ist viel leichter, einige Wochen eine totale Arbeit zu leisten, weil man dabei merkt, dass etwas geschieht. So wächst die Gewissheit, dass man die Zeit nicht mit Halbheiten verschwendet hat.

Und du wirst die Zeit auch genießen, nur eben ganz

anders, als es auf Kurplakaten verheißen wird. Nur die ersten Tage werden sehr schwer sein. Die ersten fünf Tage. Wenn du da hindurch bist – und das solltest du doch schaffen! –, dann wirst du Wunder erleben, und schließlich auch Wunder tun.

Lass uns jetzt ein Weilchen ganz ruhig nebeneinander sitzen und die Augen schließen. Dein Atem fließt schön langsam durch den ganzen Körper. Beginne es zu fühlen, im Zentrum deiner Handflächen, bis du eine leichte Wärme spürst. Dann gehe einatmend in dir die Arme hinauf bis zu den Schultern, und nun ausatmend wieder zurück bis in die Hände. Einen ganz milden Strom solltest du bemerken, sanft und beruhigend. Nun kannst du selber weitermachen – bleibe nur in den Armen, für heute. Morgen kommen die Beine dran, dann die inneren Organe, der Kopf, die Wirbelsäule.

Es ist bald Zeit zum Abendessen. Du musst gehen. Beinahe hätte ich es vergessen – ich habe dir etwas mitgebracht! Das kleine Büchlein Siddharta von Hermann Hesse. Ob du es nun schon kennst oder nicht – es ist eine Buddhalegende, durchaus passend für diese Zeit. Es ist die wunderbare Geschichte einer geistigen Vollendung. Diesem höchsten Ziel ist alles zuzuordnen – Krankheit und Genesung, erfülltes Leben und begnadeter Tod. Vor allem aber die Bereitschaft zum Wandel und zum Loslassen. Es mag aber auch sein, dass du deine eigenen Vorlieben für inspirierte Literatur hast – vielleicht hast du dir einen Gedichtband mitgebracht, oder eine Kassette mit deiner Lieblingsmusik?

Ich hätte mir zum Beispiel die Musik von Neil Diamond zu »Jonathan Livingston Seagull« mitgenommen, nach der ich stets gern meditiert habe. Der dazugehörige Film »Die Möwe Jonathan« hatte mir einen unauslöschlichen Eindruck gemacht. Auch dies ist die Geschichte einer geistigen Vollendung, erzählt mit dem Leben eines Vogels, von dramatischer Einfachheit: Die Möwe Jonathan wird durch ein Gericht aus der Gemeinschaft der Möwen verstoßen, weil er zu kühn, zu hoch – und vor allem zu anders geflogen war. Er hatte die Ordnung durchbrochen. Er überfliegt nun ganz allein Länder und Meere, bis er schließlich in einer anderen Möwe seinen Meister findet, der mit ihm an seiner inneren Befreiung von allem vorher Gelernten arbeitet und ihn dann als geistigen Lehrer in sein Volk zurücksendet.

Jonathan fliegt zurück und kommt gerade richtig, als man wieder einen Andersfliegenden ausstoßen will. Er erzwingt für den Neuling die Chance, seine Kunst vorzuführen. Es endet beinahe tödlich für den Tollkühnen, der an einen Felsen stößt und zerschmettert abstürzt. Doch Jonathan berührt ihn mit dem Flügel und erweckt ihn wieder zum Leben. Durch dieses Wunder findet er nun bei der staunenden Menge Gehör.

Ist das nicht eine uralte Geschichte? Höhenflüge außerhalb der gewohnten Ordnung werden von Einzelnen immer wieder übernommen. Sie sind nicht im Voraus erlernbar. Da fliegt jeder für sich allein durch Tage und Nächte, durch den ganzen Himmel, durch alle Farben und Schatten der Welt. Nur die Sehnsucht treibt ihn weiter, die innere Gewissheit, dass die bestehende Ordnung keine endgültige ist, dass es etwas dahinter gibt, ein weiteres Leben, ein ewiges Sein.

Ich würde mich freuen, wenn du diese beiden kleinen Empfehlungen von mir annehmen würdest. Beide atmen

Weite und Frieden, und immer wieder diese Sehnsucht, ohne die es keine Höherentwicklung gibt.

Selbstverständlich lernst du auch mich dadurch ein wenig besser kennen, und wir haben etwas, was wir gemeinsam genießen können.

Das Programm! Es umfasst tatsächlich deine gesamte Freizeit, die Schlafzeit eingeschlossen, denn wir wollen ja auch mit deinen Träumen arbeiten. Es wird später auch die übrigen Stunden durchdringen, die du für dein Kurprogramm oder für deinen persönlichen Urlaub reserviert hast. Die im Grunde verhängnisvolle Trennung zwischen Freizeit und anderer Zeit wollen wir nur am Anfang noch beibehalten. In Wahrheit gibt es nur ein Leben. Von den vierundzwanzig Stunden jeden Tages kannst du keine verlieren. Was du nicht von innen heraus tun oder annehmen kannst, solltest du lassen.

Aber so weit sind wir ja noch nicht. Mein Programmvorschlag für Morgen ist so einfach, dass er dich nicht überfordern wird: Behutsam aufwachen, auf die Träume lauschen, sie mit leiser Stimme nacherzählen. Die wache Erinnerung später in Stichworten festhalten. Dazu benötigen wir ein einfaches Schreibheft, als eine Art Tagebuch, in welches du auch gelegentlich deine Stimmungen schreibst. In wenigen Tagen wirst du verstehen, wie wichtig das ist.

Unsere tägliche Verabredung ist abends, auf unserer Bank, wenn es nicht gerade regnet. Manchmal werde ich aber auch plötzlich neben dir gehen, immer wenn du an mich denkst oder eine Frage hast. Zwar liegt die Antwort zu jeder Frage schon in dir selbst – wenn du sie jedoch in einen Antwortenden hineinprojizierst, wirst du sie leichter hören. Verstehst du, was ich meine?

Du fragst: Was soll ich tun in dieser Angelegenheit? Damit verstehst du dich selbst als einen Menschen, der in einer bestimmten Sache unsicher und suchend ist. Würdest du dein inneres Selbst, dein höheres Ich oder wie immer du es nennen magst, die Antwort direkt zutrauen, wäre die Frage schon fast überflüssig. So aber fragst du dich, was würde der oder die dazu sagen. De Antwort kommt zwar immer noch aus dir, ist aber nun einer Vertrauensperson zugeordnet. In der Tiefe ist dies eine sehr schöne Übung, die zu Demut und Liebe erzieht, bis zu dem Tage, wo du nichts mehr fragst.

Die Depression

Während ich auf der Parkbank sitze und auf dich warte, sehe ich mir die Vorübergehenden an. Da sind zwei ältere Frauen, die offenbar ein ernstes Gespräch führen. Ihre Kleider sind unmodern, jedoch aus guten Stoffen, ihre Haare frisch frisiert. Ihre Handbewegungen sind heftig. Zornige alte Damen, die ihre Probleme zwar ausdrücken, aber kaum lösen können. Als Nächstes kommt ein junges Paar. Sie sitzt im Rollstuhl und er schiebt, wobei sie sich angeregt unterhalten. Sie hat langes schwarzes Haar und sieht wie ein Schneewittchen aus. Es ist schwer, sich in sie hineinzuversetzen, weil man immer nur das vordergründige Problem sieht, welches vielleicht schon lange nicht mehr so wichtig für sie ist. Andere Dinge – viel kleinere, mögen ihnen Kummer bereiten.

Dann kommt ein Eichhörnchen und zeigt deutlich, dass es bereit wäre, sich füttern zu lassen. Morgen kaufe ich Nüsse. Heute habe ich leider noch keine. Das Eichhörnchen begreift schnell und läuft dem Schneewittchen nach, welches schon einige Nüsse bereithält.

Ich warte. Du kommst und setzt dich neben mich. Eine Weile sind wir ganz still. Du wirkst belastet. Was ist los? Handelt es sich um eine einfache Lustlosigkeit oder einen kleinen Ärger? Dafür könntest du eine der zahlreichen Unterhaltungsangebote von den Kurplakaten wahrnehmen. Kleine Ablenkungen bessern manchmal die Laune auf. Wenn es aber eine echte Depression ist, dann ist es sehr ernst. Plötzliche Mutlosigkeit, der Wunsch aufzugeben … Gedanken wie »Es hat ja alles keinen Zweck, es ist zu spät, es lohnt sich nicht mehr, wozu noch die Anstrengungen?« stellen sich ein. Wenn das der Fall ist, bist du in großer Gefahr. Emotionelle Prozesse haben nämlich ihre eigene Dynamik. Sie gehen nicht von selbst weg, sondern verstärken sich ständig. Eine Depression ist wie eine Abwärtsspirale, die durch negative Gedanken wie von einer Dauerschallplatte angeheizt wird, bis zu dem wirklich lebensgefährlichen Aufgeben. Es ist keine Zeit zu verlieren. Du musst aus diesem Zustand so schnell wie möglich raus. Wehret den Anfängen! Jede Emotion hat eine natürliche Gegenkraft. An anderer Stelle in diesem Buch gebe ich dir eine Betrachtung von solchen Gegenkräften, von Eigenschaften, die sich blockieren oder ausgleichen können. Da lässt sich in den meisten Fällen der Verstand gut einschalten. Aber bei einer Depression sieht es anders aus.

Die üblichen Ablenkungen mit aufgesetzter Fröhlichkeit würden es nur schlimmer machen. Ebenso Alkohol oder andere Drogen, die noch zusätzliche Probleme schaffen. Die einzige wirksame Gegenkraft zu einer starken Depression ist die Kampfkraft! Denken wir mal an Soldaten, die bereit sind, im Kampf ihr Leben hinzugeben. Welche Chance hätte wohl eine Armee mit deprimierten Soldaten? Eher spricht man schon von Kampfeslust und Kriegsgeschrei. Es geht hier um Konzentration mit ganzer Kraft.

Menschen, die ihrer Depression länger nachgeben, kommen nicht mehr so leicht zurück. Unzählige Selbstmörder haben das bewiesen. Es gibt zwar auch solche, die weiter existieren, aber innerlich weitgehend tot sind, wie eine Art Zombies. Sie halten ihren Körper in Gang wie eine Maschine, aber das Leben fließt an ihnen vorbei und interessiert sie nicht mehr. Die Depression lebt in ihnen wie ein selbstständiger Dämon. Fragt man sie, wie es ihnen gehe, antworten sie mit Achselzucken oder mit jammern und klagen. Dieser Zustand wird zur Sucht wie jede andere Droge. Das Leben jedoch spielt sich in der Seele ab, in den Gedanken und Gefühlen eines Menschen.

Wer kämpft – der lebt! Darin liegt die Rettung.

Du hast mich verstanden. Jetzt können wir anfangen zu arbeiten.

Das System der Räder

Nimm dir einfach ein großes Blatt Papier vor und teile es senkrecht und quer in der Mitte. So erhältst du vier gleiche Felder. Am Ende des Buches findest du ein solches Blatt als Modell, richtig aufgeteilt. Du kannst es dir auch von dort in beliebiger Größe kopieren. Ich habe da auch ein schattiertes Feld oben und unten für Überschriften und Arbeitshinweise vorgesehen.

Am besten lernt man den Umgang damit, indem man einfach anfängt.

Dein erstes Rad beschäftigt sich mit deinen Eigenschaften, denn zuerst sollst du dir mal klar machen, was du von dir selber hältst. Wir setzen also oben als Gesamtüberschrift »Rad der Eigenschaften« ein.

Nun schreibst du in das erste Feld oben links als Überschrift: *Eigenschaften, auf die ich stolz bin.* Jetzt kannst du loslegen. Du solltest mindestens drei Punkte nennen, bis zu sieben. Dabei gibt es nur eins zu bedenken: Alle vier Felder müssen die gleiche Anzahl von Punkten enthalten. Wer also in Feld eins gleich sieben Punkte hinschreibt, muss es in den anderen drei Feldern auch auf sieben Punkte bringen. Denn nur so entsteht ein ausgewogenes Rad, welches die fundamentale Bedingung für dieses System ist. Du wirst das im Laufe der Arbeit bald verstehen und sehen, welche Erkenntnisse du daraus für dich gewinnen kannst.

Lass dir ruhig Zeit dabei. Vielen fällt es schwer, in diesem ersten Feld für sich sieben gute Eigenschaften zu benennen. Aber es gibt keinen Menschen, dem es daran völlig fehlt. Es reicht ja zunächst, wenn du nur drei findest. Aber darunter fangen wir gar nicht erst an.

Nun kommt die nächste Aufgabe, das Feld oben rechts. Wir schreiben als Überschrift: *Eigenschaften, die ich überwinden möchte*. Ich sage hier absichtlich nicht schlechte Eigenschaften. Denn was der eine gern überwinden möchte, würde der andere lieber für sich aufbauen. Zum Beispiel die Fähigkeit »nein« zu sagen.

Also denke gut nach und trage die Punkte ein. Nicht vergessen – stets gleiche Punktzahl für alle vier Felder. Wenn dir also hier fünf Punkte einfallen, im ersten Feld waren es jedoch nur drei, musst du in Feld 1) noch zwei Punkte ergänzen.

Jetzt kommt das dritte Feld unten links. Die Überschrift: *Eigenschaften, die ich erwerben oder ausbauen möchte*. Nun weißt du schon wie es geht. Gleiche Punktzahl wie bei den ersten beiden Feldern. Gut nachdenken und eintragen .

Für das vierte Feld gibt es nun mehrere Möglichkeiten. Du könntest zum Beispiel sagen: »Eigenschaften, die ich bestimmt nicht habe oder auch niemals bei mir zulassen würde.« Aber das kannst du dir für später einmal aufheben, heute machen wir mit dem vierten Feld etwas ganz anderes. Wir sagen: *Meine Wünsche für die Welt*. Glaube mir, dabei kannst du dich selber besser kennen lernen. Zuerst einmal vermeide Gemeinplätze wie »Frieden für die Welt«, denn wer ehrlich ist, denkt so überhaupt nicht. Es ist zu vage und deshalb unpersönlich.

Eher empfehle ich schon Patenschaften für bestimmte Lebewesen, Pflanzen, Tiere, Menschengruppen, denen du deine Fürsorge und Aufmerksamkeit in deinen Gedanken schenkst, und für die du vielleicht auch betest. Es ist wichtig, dass du gerade in diesem Feld dir deiner Einzigartigkeit als Mensch bewusst wirst. Ehrliche Wünsche, Fürbitten oder auch nur gute Gedanken führen oft zu entsprechenden Handlungen und manchmal sogar zu einer Lebensaufgabe.

So, dein erstes Rad ist fertig. Nur eine Kleinigkeit fehlt noch: die Farben. Wähle dir aus dem Regenbogen drei Farben aus. Ich nenne sie dir in der vorgegebenen Reihenfolge: *Rot, Orange, Gelb, Grün, Blau, Violett.* Genau so sehen wir sie auch bei unserer wohl schönsten Himmelserscheinung, dem Regenbogen. Diese drei Farben begleiten dich durch unsere ganze Arbeit, also wähle sehr sorgfältig. Am besten nimmst du dir jetzt ein Extrablatt und schreibst deine Farben dort auf, ebenso das, was sie für dich bedeuten. Da hat nicht nur jeder Mensch seine eigene Wahl, sondern die Bedeutungen werden auch ganz unterschiedlich genannt. Deshalb dürfen wir das hier nicht vorgeben. Es wäre genauso falsch wie die Vorgabe von Traumbedeutungen, die bei jedem Menschen anders sind aus dem Archiv seiner inneren Bilderwelt.

Hast du deine Wahl nun getroffen? Dann setze neben jeden Punkt in allen vier Feldern eine deiner drei Farben ein, so wie sie nach deiner Meinung am besten dazu passt. Die gilt für positive wie negative Punkte gleichermaßen. Es ist eine wichtige Erfahrung, glaube mir. Wenn du damit fertig bist, schaue dir genau an, welche Farbe sich wo wiederholt. Denke auch an die Bedeutung, die du der Farbe gegeben hast. Dabei kann dir ganz spontan etwas klar werden. Stimmt's?

Wenn du sorgfältig gearbeitet hast, weißt du jetzt eine Menge von dir, was du vorher noch nicht gesehen hattest. Du solltest dir die Zeit nehmen, es mehrfach durchzulesen, dich auch an deinem inneren Reichtum zu freuen.
Du siehst jetzt dein inneres Kapital, die Kräfte, mit denen du arbeiten kannst und willst. Dank deiner Wünsche für die Welt siehst du sogar deine Einzigartigkeit und deinen unaustauschbaren Platz in dieser Welt, deine Kraft zu segnen und zu helfen. Und das ist weit mehr, als nur an eigenen Problemen zu arbeiten, obwohl das ja auch getan werden soll. Magst du die Person, die du jetzt vor dir hast? Du könntest dir ja rein zum Spaß mal ein Rad machen von einem Menschen, wie er für dich ideal wäre. Aber Vorsicht! Wenn du schnell sieben gute Eigenschaften in das erste Feld setzt, musst du dir auch für das zweite Feld sieben Eigenschaften ausdenken, die dein Wunschmensch überwinden soll. Da solltest du gut nachdenken. Welche Eigenschaften könntest du bei einer anderen Person aus Liebe ertragen und tolerieren, und welche nicht? Dabei erkennst du das Prinzip des Rädersystems, welches uns sanft zwingt, realistisch und ehrlich zu sein – mit allen Menschen und mit sich selbst.

Nun erhole dich. Triff mich auf der Parkbank und erzähle mir, wie es dir damit geht. Und gönne dir einen schönen Abend.

Ein neuer Tag. Heute machen wir *das zweite Rad*. Es heißt: *Rad der Bezugspersonen*. Dieses Rad ist sehr wichtig, und die Arbeit wird jetzt härter. Aber es ist nun einmal so, dass andere Menschen einen großen Einfluss in unserem Leben haben. Und da gibt es wie überall mehrere Seiten. Wir denken also an die Menschen in unserem Leben, die eine wichtige Rolle für uns gespielt haben. Und mit einigen Stichworten solltest du auch das Ereignis dazu setzen, welches dir dabei in den Sinn kommt.

Wir nehmen ein neues Blatt, machen unsere Einteilung in die vier gleichen Felder und beginnen im ersten Feld oben links mit der Überschrift: *Personen, die mich aufgebaut haben*. Dazu kann jeder zählen – Eltern, Familie, Lehrer, Freunde, Partner, manchmal sogar Fremde. Bei meinem Modellrad findest du unten auch ein schattiertes Feld. Da hinein schreibst du: *Bedanken*. Nun Feld zwei, oben rechts: *Personen, die mich niedergedrückt haben*. Selbst wenn du noch ein Kind wärest, wirst du leicht beide Felder ausfüllen können. In das Feld darunter kommt hier: *Vergeben, wenn möglich*. Nun Feld drei, unten links: *Personen, die ich niedergedrückt habe*. Hier wird Ehrlichkeit gefordert. Jetzt zeigt sich bereits, ob du mit Anschuldigungen oder Entschuldigungen leichter dein Feld ausfüllen kannst. Aber um dich selbst kennen zu lernen, darfst du dir diese Arbeit nicht zu leicht machen. In die Unterschrift kommt natürlich: *Um Vergebung bitten*. Aber wir haben ja noch ein viertes Feld unten rechts: *Personen, die ich aufgebaut habe*. Nur die Unterschrift ist hier schwieriger: *Keinen Dank erwarten*. Besonders Eltern und Lehrer sind hier gefordert, aber auch echte, gute Freunde.

Nun fülle alles schön aus, bringe alle vier Felder auf die gleiche Punktzahl und setze dann hinter die Personen jeweils eine deiner drei Farben, die immer dieselben bleiben für die ganzen sechs Räder.

Nun beginnt die direkte Arbeit mit deinen Bezugspersonen. Diese nennt man in der modernen Psychologie die »Gestaltarbeit«. Du stellst deinem eigenen Stuhl einen leeren Stuhl gegenüber. Auf diesen Stuhl setzt du in deiner Phantasie die Person, mit der du arbeiten möchtest. Versuchen wir es. Nimm dir aus Feld 1) die Person, der du jetzt am liebsten deinen Dank ausdrücken möchtest. Du kannst jetzt zu der Person reden, dabei spielt es keine Rolle, ob sie noch lebt oder schon tot ist. Jetzt kommt eine kleine Schwierigkeit. In der direkten Arbeit mit einer Person fühle ich genau, wann der Zeitpunkt da ist, wo die imaginäre Person selbst antworten sollte. Ich sage dann einfach »switch«, und dann sitzt du auf dem leeren Stuhl und bist selbst die angesprochene Person. Da du ja diese Arbeit nun mit dem Buch machst, musst du den Zeitpunkt selbst bestimmen, wann du den Wechsel vornimmst. In dem Fall ist es besser einmal öfter zu wechseln als zu selten. So hast du mit der Person, die du für deinen ersten Dank ausgewählt hast, einen intimen Dialog, den du im Leben möglicherweise versäumt hast und auch nicht mehr nachholen könntest. Das ist eine Arbeit, die vielen Menschen sehr gut tut. Du wirst es an dir selber auch feststellen.

Feld zwei. Die Personen, die dich niedergedrückt haben. Also setze sie auf den Stuhl, möglichst einen nach dem anderen, bis du ihnen die Meinung gesagt hast, wie sie dir wehgetan haben und was es in dir ausgelöst hat. Vergiss aber nicht, »switch« zu sagen und sie auch antworten zu lassen. Darin liegt für dich nämlich die Hilfe für eine mögliche Vergebung, wenn du dir den Standpunkt des anderen Menschen einfach einmal vorstellst. Es könnte ja sein, dass dir jemand wehgetan hat ohne es zu wissen, oder dass du selbst seine Handlung ausgelöst hattest. Auch wenn es sich um eine wirklich böse Person handelt, kannst du immer noch herausfinden, warum dieser Mensch so ist oder war. Denn nichts kommt von gar nichts, das wissen wir. Wer immer dir wehtut, dem hat man auch wehgetan. Vergib, wenn du kannst. Das wird dir gut tun! Aber erzwinge es nicht. Sei absolut ehrlich.

Feld drei. Personen, die du niedergedrückt hast. Setze sie auf den leeren Stuhl, schön der Reihe nach. Nimm dir Zeit, für jeden Einzelnen. Du darfst ihnen ruhig erklären, warum du so böse warst, aber verstricke dich nicht in Beschuldigungen, denn hier sollst du dich ja entschuldigen. Und beim Wechsel lass die Person selbst sprechen, so kannst du fühlen, ob sie dir wirklich vergeben haben.

Nun kommt Feld vier, ganz sicher nicht das Leichteste. Es sind die Personen, die du aufgebaut hast. Wenn du sie auf den leeren Stuhl setzt, sei einfach lieb zu ihnen oder setze deine Aufbauarbeit fort. Auf keinen Fall dürfen sie das Gefühl haben, dass du einen Dank von ihnen erwartest. Von Eltern hört man manchmal: »Du undankbares Kind, was habe ich nicht alles für dich getan!« Wer so spricht, will einen Scheck einlösen, er hat nicht selbstlos und aus reiner Liebe gehandelt.

Vergleiche nun noch einmal die Farben, die du den Personen in allen vier Feldern zugeordnet hast und wo sie sich wiederholen. Dabei kann dir auch noch manches klar werden, was du vorher nicht beachtet hast. Um dieses Feld mit den Bezugspersonen vollständig aufzuarbeiten, kannst du dir mehrere Tage nehmen. Aber so oft du dich damit beschäftigst – bitte nimm immer aus jedem Feld die gleiche Zahl von Personen, denn so wirkt das Rädersystem als Ausgleich deiner Kräfte, Eigenschaften und Fähigkeiten. Es wäre nicht gut, sich nur die Rosinen aus dem Kuchen zu holen oder sich nur den bequemsten Weg zu suchen. Das wäre Selbstbetrug und am Ende ein großer Verlust.

Bevor wir die Gestaltarbeit mit deinen Bezugspersonen abschließen, fehlt noch der Dialog mit einer weiteren Person. Nein, nein, nicht mir. Mit dir selbst! Nimm dir dein erstes Rad noch einmal vor, mit deinen Eigenschaften und der Arbeit, die du dir vorgenommen hast. Setze den Teil von dir, den du weniger leiden kannst, auf den leeren Stuhl. Rede mit ihm – oder mit ihr. Gib der Person den gleichen Vornamen wie den, der dein eigener ist. Beides bist ja Du. Dein Haupt-Ich, der erwachsenere und mündigere Teil von beiden, hat die Nummer eins. Der schwächere Teil, der sich ändern oder bessern soll, bekommt die Nummer zwei. Keine leichte Übung. Wie viel Autorität hast du dir selbst gegenüber? Wie viel Liebe und Verständnis? Wie viel Zorn? Und vergiss nicht, deinen Teil zwei auch antworten zu lassen. Er darf und soll sich rechtfertigen. Und er soll sich am Ende unter deiner Führung sicher fühlen und dir vertrauen. Ihr seid ja ein Mensch, eine Ganzheit, nur manchmal mit unterschiedlichen Impulsen. Gemeinsam könnt Ihr Berge versetzen.

Wenn du nun in einigen Tagen wirklich mit allen deinen Bezugspersonen in den imaginären Dialog gegangen bist, wird viel in deine Erinnerung zurückgekommen sein. Es war bestimmt nicht immer leicht. Zeit für ein Treffen auf unserer Parkbank. Bist du bereit für das nächste Rad? Wir werden jetzt nach Augenblicken in deinem Leben suchen, in denen starke Gefühle eine Rolle gespielt haben. Das ist nun allerdings mit einem Rad nicht getan. Wir müssen eine Auswahl treffen. Im Anhang findest du viele Vorschläge von Rädern, die du nach Belieben für dich durchspielen kannst. Für diesmal wählen wir nacheinander zwei Räder: Als Erstes spontane Gefühle, die allerdings wie ein Feuerwerk verfliegen können oder sich auch langfristig in deinem Leben auswirken. Bei Liebe zum Beispiel gibt es die berühmte Liebe auf den ersten Blick, was durchaus realistisch ist. In besonderen Fällen sind sie bestimmend und tragend für das ganze Leben. Aber auch Liebe für eine begrenzte Zeit formt unsere Seele und entscheidet, wer wir sind. Denk ein wenig länger darüber nach. Es gibt viel zu entdecken.

Das dritte Rad: Augenblicke starker Gefühle. Oben links: *Augenblicke von Freude und Stolz.* Oben rechts: *Augenblicke von Scham und Demütigungen.* Unten links: *Augenblicke von Ärger und Wut.* Unten rechts: *Augenblicke von Rührung und Mitgefühl.* Und nun fülle bitte gleich noch die Unterschriften für jedes Fach ein. Hier könntest du es schon mit deinen eigenen Formulierungen versuchen, denn schließlich ist es in jedem Fall deine Entscheidung, wie du auf diese Gefühle reagierst. Da ist jeder Mensch anders. Es könnte zum Beispiel heißen: 1) Dankbarkeit. Man sollte sich seiner innere

Schatzkammer von solchen Erinnerungen stets bewusst bleiben. 2) Nachdenken. Genauer hinschauen, ruhig bleiben. Keine Rachegefühle aufkommen lassen. 3) Kontrollieren. Hier hat nun wirklich jeder Mensch seine eigenen Grenzen, wo er seinen Ärger ausdrücken kann oder muss. Für den einen ist Beherrschung um jeden Preis das höchste Ideal, für den andern lieber eine offene Reaktion. Der mündige Mensch wird von Fall zu Fall über seine Haltung entscheiden, aber niemals ausrasten und zum Opfer seiner Emotionen werden. Du siehst schon – dieses untere Feld kannst nur du selbst ausfüllen, so ehrlich wie möglich und deinem eigenen Temperament entsprechend.

Da ist ja noch das Feld 4) für Rührung und Mitgefühl. Hier könnte man schreiben: Handeln und helfen, Liebe zeigen – oder einfach stille Anteilnahme ausdrücken. Nun fülle deine Punkte aus in allen vier Feldern, denke daran, dass es die gleiche Zahl sein soll, und gehe durch dein ganzes Leben, so weit wie möglich zurück in die Kindheit – bis hin zur Gegenwart mit allem, was jetzt deine Gedanken erfüllt und bestimmt. Die frühen Erlebnisse sind oft der Schlüssel zu deinen Gefühlen in der Gegenwart und zu deinem Umgang mit ihnen.

Dieses dritte Rad ist ein Gegenstück zu dem ersten. Dort haben wir deine Eigenschaften gesucht, die von Geburt angelegten und die erworbenen. Hier suchen wir nach den Ereignissen, die von außen auf dich zukamen und dich entsprechend prägen konnten. Zum Teil wirst du daran schon zuvor gedacht haben.

Wenn du dein drittes Rad in Ruhe ausgefüllt und betrachtet hast, solltest du ein weiteres Rad für Gefühle gleich daran anschließen, denn genau genommen gehören sie zusammen. Unsere Skala für Emotionen ist einfach zu groß. Also machen wir weiter. *Rad vier: Auslöser für lang anhaltende Gefühle.* Oben links: *Zuneigung und Liebe.* Oben rechts: *Ablehnung und Hass.* Unten links: *Angst und Furcht.* Unten rechts: *Ergriffenheit und Andacht.* Für die Unterschriften würde ich bei Feld eins und vier empfehlen, diese Gefühle zu erhalten und zu pflegen, sie oft ins Bewusstsein zu rufen. Und Feld zwei und drei: Diese Gefühle sollten wir lernen zu überwinden, was besser ist, als sie nur zu beherrschen. Diese Arbeit hört ja im Leben niemals auf. Wer sie verdrängt, vergrößert die Probleme nur. Von selbst verschwinden sie jedenfalls nicht. Eintragen und vergleichen der Farben nicht vergessen!

Bei der Betrachtung der beiden Gefühlsräder und den Farben an den einzelnen Punkten wäre jetzt Zeit für einen Vergleich mit deinem ersten Rad der Eigenschaften, ebenso mit dem zweiten Rad der Bezugspersonen. Wenn du nun hinschaust, welche Farben sich wiederholen, und wo – dann kannst du schon einige Wurzeln in deiner Seele erkennen. Du wirst sehen – es ist spannend! Und es sind deine eigenen Erkenntnisse, die dir niemand wegnehmen kann.

Nimm dir Zeit zum Nachdenken, denn du hast eine harte innere Arbeit geleistet. Zum erstenmal rate ich dir auch, dich ein wenig abzulenken, spazieren zu gehen, dich zu unterhalten oder gut zu essen. Dabei ist die Wahl des Ambiente mindestens so wichtig wie die Auswahl auf der Speisekarte. Gönne dir etwas, was dir wirklich gefällt. Du hast es verdient.

Nun hast du dich entschieden, weiterzumachen? Sehr gut!! Die letzten beiden Räder sind weniger eine Analyse im Rückblick, sondern sie betreffen mehr Gegenwart und Zukunft. Fangen wir gleich an. *Das fünfte Rad: Rad der Energien.* Oben links: *Auslöser für starke Energien und Ideen.* Oben rechts: *Dämpfer und Blockierungen von Energien.* Unten links: *Mittel für eigenen Anschub.* Unten rechts: *Einstellen auf Inspiration und Empfang.* Die Unterschriften überlasse ich dir, denn sie hängen ja klar von dem ab, was du einträgst. Wie du schon siehst, geht es hier um den Haushalt deiner Lebensenergie. Davon hängt die Erfüllung deiner Wünsche und Ziele ab, wenn sie nicht als schwache Hoffnungsseufzer verwehen sollen. Energie hängt vom Willen ab, der Wille von Stimmungen und Einflüssen aller Art.

Wenn du hier gründlich arbeitest, wirst du herausfinden, was dich wirklich motiviert, was du selbst dazu tun kannst, und was dich wieder bremst. Es ist sehr wichtig für dich! Erinnere dich an unsere Betrachtung einer Depression am Anfang. Die Gegenkraft ist Kampfbereitschaft und schließlich der Kampf selbst mit Ausdauer und eiserner Disziplin. Alles was Menschen geleistet haben in dieser Welt, und das ist eine ganze Menge, beruht auf dem erkennen und richtigen einsetzen der eigenen Kräfte. Auch hier müssen die Farben zu jedem Punkt hinzugefügt werden.

Wir machen gleich weiter, denn allein die Beschäftigung mit den Energien hat schon eine Wirkung. Stimmts? Jedenfalls konnte ich das schon öfter beobachten, auch bei mir selbst. Also gehen wir an *das sechste Rad: Wünsche und Entscheidungen.* Oben links: *Woran ich arbeiten will.*

Oben rechts: *Was ich ändern muss.* Unten links: *Welche Voraussetzungen ich mir schaffen werde.* Unten rechts: *Womit ich andern dienen will.* Fange sofort an, möglichst schnell schreiben. Dieses Rad ist nicht zum Grübeln da, sondern für klare Entscheidungen, aus denen die Kraft zur Veränderung und Erneuerung kommt. Das haben wir beim fünften Rad schon gesehen. Dazu wirst du die Dinge in deinem Leben ändern müssen, die deine Energien bremsen oder gar vernichten. Sie liegen manchmal in äußeren Umständen, aber das meiste davon liegt in dir selbst. Wo der Wille und das Ziel klar sind, lösen sich auch die schwierigsten Probleme auf. Wer seine Kraft mobilisiert, fackelt nicht lange. Geduld braucht man unterwegs, am Anfang jedoch eher Mut und Kampfkraft.

Nach diesen sechs Rädern wird es nun Zeit, sie in Ruhe zu vergleichen. Die Farben sind eine wunderbare Hilfe dabei, denn wenn du jetzt beobachtest, wo sich die gleiche Farbe wiederholt, ergibt sich ein ganz erstaunliches Muster daraus. Dabei kommt es allein darauf an, was jede der drei gewählten Farben *für dich bedeutet,* denn das hast du ja am Anfang gleich notiert. Wenn du mit anderen Menschen arbeitest, stellst du fest, dass jeder seine eigenen Wertungen hat. Deshalb darf man diese Bedeutungen nicht vorgeben, so wenig wie bei Traumsymbolen.

Du erkennst nun beim vergleichen deiner Räder, wo deine Stärken und deine Schwächen liegen. Woran du wirklich arbeiten musst. Denn um lange schlummernde Probleme in deinem Innern erneut zu verdrängen, hast du diese Arbeit nicht gemacht. Und deine eigene Analyse kann dir niemand abnehmen. Erst wenn du das geschafft hast, wirst du auch anderen diesen Erfolg versprechen können.

Arbeit mit Freunden

Es wird Zeit für unser Treffen auf der Parkbank. Du hast deine sechs Räder geschafft. Solltest du bei einigen nicht auf sieben Punkte gekommen sein, so kannst du das immer noch ergänzen, sobald dir wieder etwas einfällt. Aber dann bitte immer ein komplettes Rad – in jedem Feld einen Punkt nachtragen, damit du die Balance nicht zerstörst. Das wäre wirklich schade um die bisherige Arbeit. Längst wirst du verstanden haben, dass die ausgewogene Betrachtung zu einem Thema erst die richtigen Erkenntnisse bringt, und sehr oft auch schon die Lösung dazu.

Auf den folgenden Seiten will ich dir noch etwas helfen. Da findest du zunächst eine Auswahl von Rädern, die du nach Belieben und vielleicht rein zum Spaß ausprobieren kannst. Mit der Zeit wirst du mit diesem Instrument so virtuos umgehen können, dass du dir deine eigenen Räder erfindest. Bei jedem Problem lohnt es sich, eine Analyse über vier Felder aufzubauen, bis sich ganz klare Antworten herauskristallisieren. Wenn es für dich selbst ist, kennst du jetzt deine Stärken und deine Schwächen. Du weißt auch, welche Menschen dir gut tun und welche dich eher hindern würden.

Willst du aber einem Freund helfen, kannst du nach einiger Zeit die richtige Zusammenstellung für ihn aufbauen. Für den Einstieg haben sich aber diese sechs Räder bewährt, die wir jetzt miteinander durchgearbeitet haben. Zuerst die Eigenschaften und die Bezugspersonen mit entsprechender Gestaltarbeit, dann die Gefühle und Erlebnisse, die den Menschen geprägt haben und ihn als Erfahrung durch sein ganzes Leben begleiten. Erst dann kann man an die Messung der Kräfte gehen, und klare Entscheidungen fordern.

Eines ist noch sehr wichtig für den, der helfen will: Er soll die Person, die Hilfe sucht, niemals unterschätzen. Jeder Mensch ist ein tiefer Brunnen an Erfahrungen. Er sollte so schnell wie möglich an seine eigene Kraft herangeführt werden und selbstständig weitermachen, so wie du selbst!

Als Nächstes habe ich dir eine kleine Betrachtung von Eigenschaften und ihren Gegenkräften angefügt. Auch das kannst du selbstständig weiterentwickeln, denn die Möglichkeiten sind ja nahezu unendlich. Es ist ähnlich wie beim Schach, wo sich Schwarz und Weiß im Kampf befinden, und auch die besten Spieler können den Ausgang nicht sicher voraussagen. Es ist immer gut, seine Feinde zu kennen, auch die in uns selbst.

Im Anschluss daran werden wir uns noch einmal auf unserer Parkbank treffen. Ich habe da noch ein kleines Abschiedsgeschenk für dich dabei. Aber lies erst einmal die anderen Seiten. Du wirst noch einige Anregungen darin finden.

***

Vorschläge für Räder

Rad 1: *Eigenschaften*
  Eigenschaften, auf die ich stolz bin
  Eigenschaften, die ich überwinden möchte
  Eigenschaften, die ich aufbauen möchte
  Meine Wünsche für die Welt

Rad 2: *Bezugspersonen*
  Personen, die mich aufgebaut haben
  Personen, die mich niedergedrückt haben
  Personen, die ich niedergedrückt habe
  Personen, die ich aufgebaut habe

Rad 3: *Augenblicke tiefer Gefühle* (Kurzfristig)
  Augenblicke von Freude und Stolz
  Augenblicke der Scham
  Augenblicke in Ärger und Wut
  Augenblicke von Rührung und Mitgefühl

Rad 4: *Augenblicke tiefer Gefühle*
  (langfristige Nachwirkung)
  Auslöser für Liebe
  Auslöser für Ablehnung und Hass
  Auslöser für Angst und Furcht
  Augenblicke von Ergriffenheit und Andacht

Rad 5: *Rad der Energien*
  Auslöser für starke Energien und Ideen
  Dämpfer und Blockierungen von Ideen
  Mittel für eigenen Anschub
  Einstellen auf Inspiration und Empfang

Rad 6: *Wünsche und Entscheidungen*
  Was ich mir wünsche
  Was ich ändern muss
  Welche Voraussetzungen ich mir schaffen werde
  Womit ich anderen dienen möchte

Rad 7: *Augenblicke tiefer Gefühle*
  (mittelfristige Nachwirkung)
  Augenblicke voll Kraft und Zuversicht
  Augenblicke voll Neid, Begehren
  Augenblicke voll Trauer, loslassen, opfern
  Augenblicke von Gottesliebe, Welteinheit

Rad 8: *Wünsche an mich und andere Personen*
  Wünsche an mich selbst
  Ich will mich nicht abfinden mit
  Wünsche an andere
  Spirituelle Wünsche

Rad 9: *Erkenntnisse*
  Ich darf dankbar sein für
  Ich muss nicht mehr zulassen
  Ich kann fertig werden mit
  Ich kann und werde aufbauen

Rad 10: Eigenmodell zu speziellem Problem
    Ich erkenne dieses Problem
    Ich halte für unlösbar
    Ich kann verändern
    Ich kann dieses Ergebnis akzeptieren

Rad 11: Aufregung und Frustration
    Auslöser durch andere Personen
    Auslöser durch mich selbst
    Beruhigung durch mich selbst
    Beruhigung durch andere

Rad 12: Glauben
    Anrührungen zum Glauben, Ereignisse
    Hindernisse zum Glauben, Zweifel
    Hilfen zum Glauben durch andere
    Eigene Entscheidungen und Gelübde

Rad 13: Dienen
    Wo ich anderen dienen kann
    Wo oder bei wem ich es nicht tun könnte
    Wo ich es lernen könnte
    Wo ich mir dienen lassen kann

Rad 14: Bilanz
    Ich habe erkannt über mich
    Ich werde aussortieren und unterlassen
    Ich will aufbauen und gestalten
    Ich kann anderen dienen mit …

Rad 15: Sexualität
   Gute Erlebnisse
   Frustrierende Erlebnisse
   Verzicht und Ablehnung
   Sexuelle Wünsche

Rad 16: Lebensplanung
   Berufswahl, erfüllende Tätigkeiten
   Kompromissloses Nein
   Mögliche Ergänzung, Studium, Familie
   Gewählte Lehrer, Partner und Freunde

Rad 17: Eheplanung
   Bei Wahl des Partners bevorzugte Eigenschaften
   Auf keinen Fall akzeptable Eigenschaften
   Mögliche Toleranz für Schwierigkeiten
   im Charakter
   Gemeinsamer Glaube und gemeinsame Interessen

Rad 18: Politik und Landeswahl
   Mögliche Wahlheimat und Wahlregierung
   Abgelehnte Länder und Weltanschauungen
   Möglicher eigener Einsatz für die Gesellschaft
   Wünsche für die fernere Zukunft

Rad 19: Arbeit mit Kindern
   Was kannst du gut?
   Wovor hast du Angst?
   Was möchtest du lernen?
   Was willst du werden?

CHARAKTEREIGENSCHAFTEN UND IHRE GEGENKRÄFTE

Mit der Arbeit an sich selbst darf man nie stehen bleiben. Nach der selbstverständlichen ethischen Grundlage kommt es darauf an, dass man sich die Mitgift seiner Eigenschaften klar macht und ihre Wirkungen erkennt. Jeder Mensch hat gute Eigenschaften, und ebenso einige Belastungen, an denen er reifen und arbeiten sollte. Wir haben mit dem ersten Rad der Eigenschaften schon einige Selbsterkenntnisse gewonnen.

Hiermit möchte ich jedoch ganz neutral die Betrachtung von Gegensätzen anfügen, wobei es mit den negativen Eigenschaften am deutlichsten klar wird.

Neid blockiert Dankbarkeit
verringert Zufriedenheit
verstärkt Ablehnung und Hass

Geiz blockiert Freiheit
verringert Liebe und Großzügigkeit
verstärkt Habgier und Besitzansprüche

Spottlust blockiert Respekt und Anerkennung
verringert Mitgefühl und Achtung
verstärkt Hochmut und Arroganz

Machtlust blockiert Akzeptanz anders Denkender
verringert Toleranz
verstärkt Ego und Selbstüberschätzung

Eitelkeit blockiert Würde
verringert Gelassenheit
verstärkt Unsicherheit und Ängste

Aus diesen Katalog kann man bereits ersehen, was die jeweilige Gegenmaßnahme wäre, nämlich die Stärkung jener Eigenschaften, die verringert und blockiert werden. Je nach Situation und persönlicher Eigenheit wird ein Mensch seine Energien eher dazu einsetzen, Unerwünschtes zu bekämpfen, als die Gegenkraft aufzubauen. Jeder wird unwillkürlich das wählen, was ihm am meisten Erfolg verspricht, und was seiner Natur gemäß ist. Es ist aber gut, die Wechselwirkungen zu beobachten. Dabei kann jeder viel über sich selber lernen. Manchmal genügt schon ein ehrlicher Wunsch, um schnell und gut voranzukommen. Der Aufbau guter Gegenkräfte stellt sich dabei ganz von selbst als besonders wirksam heraus, während der Kampf mit sich selbst oft scheitert.

Wünschen wir allen möglichst viele von den Feengeschenken schöner Eigenschaften an der Wiege, wie zum Beispiel *Fröhlichkeit, Großzügigkeit, Versöhnlichkeit, Mut, Phantasie, Liebesfähigkeit, Bescheidenheit, Freundlichkeit und viele andere mehr.* Jedoch auch hieran muss man arbeiten, denn gute Eigenschaften können uns verführen oder leichtsinnig machen. Oft stellt sich heraus, dass die Belastungen einen Menschen mindestens so gut voranbringen wie die positive Mitgift. Und jede Münze hat zwei Seiten.

Wenn wir nun ein wenig an uns arbeiten möchten, nehmen wir uns am besten die negativen Eigenschaften vor. Nicht immer werden sie erkannt. Erfahrene Priester berichten, dass *Geiz* so gut wie niemals gebeichtet wird. Ein Geiziger empfindet sich als sparsam und verantwortungsvoll. Wenn man dieser Eigenschaft also auf die Spur kommen will, muss man sich auf die Wirkungen konzentrieren. Da wandelt sich bereits die Verantwortung zum Besitzanspruch. Dies wird besonders deutlich bei Erbschaften. Aber diese Menschen sind auch unfreier als andere, und großzügig sind sie kaum. Sogar wenn sie im Sterben liegen, spielen sie noch eine Macht aus, die ihnen der Besitz immer gegeben hat. So können sie über den Tod hinaus zwar nichts besitzen, aber einiges bestimmen. Der Geizige hortet, sammelt und zählt ständig nach. Er betrachtet jedoch seinen Besitz stets als eine abstrakte Einheit, die er nicht angreifen darf. Er riskiert sein Leben, um den Besitz zu schützen, deshalb ist er niemals frei. Eine Wurzel allen Übels. Sie muss bearbeitet werden.

Eine zweite Gruppe, die niemals Schuldgefühle entwickelt, besteht aus den *Spöttern*. Sie halten sich für humorvoll, oder die anderen eben für humorlos. Sie werden mit der Zeit immer arroganter und herzloser, denn in dieser Kinderstube des Satans entwickeln sich Verachtung, Ablehnung und schließlich Hass, in Verbindung mit Aufwertung der eigenen Person. Jesus sagte: «Ihr sollt nicht auf der Bank der Spötter sitzen» (Zitat aus dem ersten Psalm). Er kannte die Wirkung genau. Er wusste, wie viele Verletzungen damit verbunden sind, besonders bei Kindern, und wie viel Schaden für die Spötter selbst. Ein Spötter verliert die Fähigkeit zu verehren, und damit verliert er auch mehr und mehr seine eigene Ehre, ohne es zu merken. Eine weitere Wurzel allen Übels. Hier hilft nur, es sich bewusst machen und Disziplin üben. Dann ändert es sich ganz schnell. Es ist leichter als beim Geiz.

Nehmen wir uns jetzt den *Neid* vor. Eine perfekte Methode, sich selber unglücklich und unzufrieden zu machen. Ein neidischer Mensch ist nicht dankbar für das, was er hat. So verliert er das ihm zugeteilte Lebensglück und bemerkt es erst, wenn ihm auch das genommen wird. So beneidet er sich selbst mit Blick in die Vergangenheit gerichtet. Konzentriert er seinen Neid jedoch auf eine andere Person, beginnt er diese zu hassen. Selbst wenn er niemals zum Räuber wird, so ist er es doch in seinen Gedanken. Und das zählt vor Gott auch, denn ER allein sieht das Herz an (viertes Sendschreiben an die Engel). Dem Neid muss man die Wirkung entgegensetzen, wenn man an ihm arbeiten will: Dankbar sein! Bewusst und in ständiger Übung, ehrlich und tief. Wenn diese Arbeit gelungen ist, stellt sich eine wunderbare neue Kraft ein. Die Fähigkeit, andere zu segnen, zu beschenken, und ihnen alles zu gönnen, was sie haben. Man kann auch einmal dafür danken, was ein anderer hat. Eine große Erfahrung! Dabei schwindet jeder Neid sofort, das kann man leicht nachvollziehen. Und man erlebt dabei die Verbundenheit mit allem Lebendigen. Das eigene Ego und der eigene Besitz werden relativ in ihrer Bedeutung.

Nun nehmen wir uns die dümmste der negativen Eigenschaften vor: die *Eitelkeit*. Hier muss man zunächst verstehen, dass hier nicht gesundes Selbstbewusstsein gemeint ist, sondern eher seine Abwesenheit. Es ist durchaus erlaubt, sich geschmackvoll zu kleiden und seine Erscheinung in dieser Welt bewusst zu gestalten. Dies sollte jedoch wirklich auf die eigene Person bezogen sein, und sich nicht gegen andere richten. Man muss nicht schöner sein als andere, man muss nur man selber sein, so wie man es vollkommen erleben und verantworten möchte. Der eitle Mensch ist in einem Dauerstress befindlich. Dies gilt für Männer wie für Frauen. Die Angst, nicht so zu wirken wie sie wollen, verfolgt sie ständig. Ein Mensch, der zu sich selber steht, tut sein Bestes für seine Erscheinung und muss nichts verstecken. Das Äußere ist Teil unseres Schicksals, und sollte mit Ruhe und Selbstverständlichkeit getragen werden. Der Körper ist ein Fahrzeug oder eine Wohnung auf Zeit, die mit der Zeit veraltet. Die Wandlung im Laufe des Lebens gehört zu den wichtigsten Erfahrungen und bereitet uns auf die letzte Ablösung vor. Während man sich als Kind danach sehnt, groß zu werden, möchte man im Alter jung bleiben. Das ist ganz natürlich. Aber wie wir damit umgehen, entwickelt unsere Würde als Mensch. Ein eitler Mensch hat zu wenig Würde. Er wirkt lächerlich, und das ist das Gegenteil von dem, was er möchte.

Nun kommen wir zu der schwierigsten Eigenschaft, die ganze Kriege auslösen kann, Menschen zu einer hohen Position führen kann, oder auch zu tiefem Fall: Die *Machtlust*. Könige und Generäle haben es uns gezeigt, aber auch Menschen mit geistlichen Herrschaftsansprüchen. Was diese Eigenschaft bewirkt, erkennt man natürlich am klarsten an denen, die eine Macht erreicht haben. Sie werden oft diktatorisch, größenwahnsinnig und gewalttätig. Sie können sich auch großzügig erweisen gegen ihre

Vertrauten, aber stets unter Bedingungen der Unterwerfung, physisch und geistig.

Nun weist ein Mensch, der nicht an einer Spitze steht, leicht von sich, dass er diese Eigenschaft überhaupt haben könnte. Aber man sehe sich einmal an den Arbeitsplätzen um: So mancher Chef entwickelt sich zu einem kleinen Diktator. Aber auch so mancher Ehepartner – Mann oder Frau –, sobald er weiß, dass er eine Macht über die andere Person hat. Ebenso Eltern gegenüber Kindern. Und schließlich jeder Mensch, der in der Lage ist, einem anderen einen großen Gefallen zu tun. In dem Augenblick hat er eine Macht. Und was er jetzt tut, wie er spricht und handelt, zeigt seine innere Qualität. Es betrifft uns also alle. Die Machtlust ist eine permanente Prüfung in unserem Leben, oft an jedem Tag! Denn überall kommen wir in kleine Machtpositionen, sei es auch nur, dass wir an einem Bettler vorübergehen und entscheiden, ob wir ihm etwas geben oder nicht. Jedes Mal, wenn uns jemand um etwas bittet. Und auch dann, wenn wir ohne Bitte entscheiden können, ob wir etwas opfern wollen. Das Opfer ist das ganz große Gegenstück zur Macht, die freiwillige Entäußerung. Hier ist es angemessen, einmal an das Kreuzesopfer Christi zu denken, der sein Leben abgab, anstatt eine gewaltige Macht auf Erden zu übernehmen in seiner eigenen Zeit. Mehr kann man nicht hingeben. Und zugleich kann man auch nicht mehr gewinnen, wie er uns nach seinem Tode bewiesen hat. Zum Opfer gehört Vertrauen und eine innere Überlegenheit, die jeden Diktator vom Thron stürzt. Denn dagegen ist er machtlos. Probieren wir es aus! Wir werden lernen zu staunen.

Nach diesen Beispielen lohnt es sich, das eigene Rad der Eigenschaften noch einmal zu überprüfen und nach Gegenkräften zu suchen, die man aufbauen kann. Ebenso sollten wir noch einmal beachten, welche Eigenschaften wir gern überwinden würden. Das richtige Mittel dazu bietet sich dann ganz von selbst an.

Hiermit ist das Material für das Rädersystem komplett, denn alles Weitere entwickelt sich direkt aus der Arbeit damit. Es wird nun Zeit für unser Abschiedstreffen auf der Parkbank.

Abschied

Da sind wir nun wieder auf unser Parkbank gegenüber dem Waldrand, und ich stelle mir diesmal vor, dass es ein warmer Abend ist, grüne Laubbäume zwischen den Tannen, und die Vögel zwitschern.

Wenn du jetzt alle sechs Räder durchgearbeitet hast und damit zu einer Klarheit über dich selbst und dein Leben gekommen bist, möchte ich dir meinen Respekt und hohes Lob aussprechen. Wir konnten ja auf diesem Wege nicht über jeden einzelnen Punkt miteinander reden, und ich weiß sehr gut, wie schwierig das ist. Wer das jedoch schafft, der ist auch in der Lage, andern damit zu helfen und ihn ein Stück auf seinem Weg zu begleiten.

Damit sind wir jetzt also Kollegen, und ich möchte mit dir über die Arbeit mit anderen Personen sprechen. Ich habe da eine Menge Erfahrung, die ich gern weitergeben würde. Zunächst die Personenzahl. Bei einer großen Gruppe – sagen wir mehr als sieben Personen – kann man nicht jeden einzeln seine Ergebnisse vorlesen lassen. Da nimmt man eben zwei oder drei heraus. Das geht auch bei Vorträgen, wo mehr als hundert Personen dabei sind, vorausgesetzt, die Atmosphäre ist intim genug. Und die Meldungen sind natürlich freiwillig. In solchen Fällen sollten pro Feld nur je drei Punkte ausgefüllt werden. Mehr kann ja später jeder für sich allein ergänzen. Die Formblätter zum Ausfüllen sollten vorher verteilt werden, am besten in der Größe eines normalen Schreibbogens, DIN 4. Das Modell dazu findest du am Ende des Buches. Es lässt sich beim Kopieren ja entsprechend vergrößern. Die Zeit sollte bei großen Gruppen vorgegeben werden: Pro Blatt zehn Minuten sind da durchaus genug. Je spontaner sie arbeiten, umso besser die Ergebnisse.

Aber darüber sind wir uns doch einig, am besten macht man diese Arbeit mit einer Person allein. Dafür empfehle ich einen Zeitraum von drei Wochen mit je zwei Sitzungen am Abend. Das ist bei berufstätigen Personen leichter zu arrangieren. Es überfordert sie nicht, aber die Abstände sind auch nicht so groß, dass sie den Anschluss verlieren. Mit einer Person allein ist die Arbeit sehr intensiv, jeder Punkt wird genau durchgesprochen. Ich empfehle jedem, bis zu sieben Punkten auszufüllen, aber niemals unter drei Punkten pro Feld. Sie sollen bedenken, wenn sie gleich im ersten Feld mit sieben anfangen, müssen sie es in den anderen drei Feldern auch auf sieben bringen, also lieber langsam vorangehen. Die Balance der Räder muss unbedingt eingehalten werden. Wenn du dabei sitzt, darfst du die Person nicht ansprechen. Sie soll in Ruhe und ohne Unterbrechung arbeiten.

Bei dem zweiten Rad mit den Bezugspersonen ist eine unmittelbar anschließende Gestaltarbeit notwendig. Achte darauf, dass du keinen Zwang ausübst. Niemand darf hier über seine emotionellen Möglichkeiten hinausgehen. Es kommen da oft tiefe Gefühle hoch, denen man Raum geben sollte. Sie sind ein Teil der Selbsterfahrung und der Heilung großer Probleme. Hier kommen die meisten Personen leicht auf sieben Punkte pro Feld. Damit verteilt sich die Gestaltarbeit auf mehrere Sitzungen, immer im Anschluss an das jeweilige Rad.

Das dritte und vierte Rad sucht Ereignisse und Erlebnisse, welche für die Person prägend waren. Sucht man nach den entsprechenden Gefühlen, die kurzfristig aufgetreten sind, kommt man ganz von selbst auf die wichtigsten Wurzeln des Charakters, der Fähigkeiten und der Gewohnheiten.

Das fünfte und sechste Rad endlich gehen zur Tat über. Zur Analyse der Energien einer Person, was sie aufbaut und was sie hindert. Schließlich werden die eigenen Wünsche und Ziele so klar, dass sie verstanden und verwirklicht werden können. In manchen Fällen empfiehlt sich auch das Loslassen falscher Ziele, welche der inneren Bestimmung nicht entsprechen. Das findet jeder selbst heraus, ganz sicher.

Nun komme ich mal zu den häufigsten Problemen, die genannt werden oder sich während der Arbeit zeigen. Das sind Beziehungsprobleme – Trennungen und Scheidungen, sowohl bei Ehen, Freundschaften und anderen Verbindungen –, sie sind fast immer schmerzhaft. Besonders bei Ehen, wo es sich schon lohnt, gemeinsam zu arbeiten und noch einmal genau zu klären, ob die Scheidung unausweichlich der einzige Weg ist. Nur wenn ein Partner es wirklich, wirklich will, und dies auch gut begründen kann, sollte er es angehen. Er wird sich sowieso nicht aufhalten lassen. Fast immer sind andere

Personen im Spiel. Manchmal genügt eine einfache Vergebung zur Versöhnung. Wer aber gehen muss, den soll man auch ziehen lassen. Mit Disziplin allein lässt sich eine unerträgliche Situation nicht verewigen.

Und nun mein Abschiedsgeschenk:
Ein Gebet von Thomas von Aquin.

Wer dieses Gebet in seinem Herzen nachempfinden kann, ist dort angekommen, wo auch dieser große Heilige Thomas von Aquin ist. Dort, wo es zwar im Leben noch Probleme und Schmerzen geben kann, aber zugleich die Möglichkeiten zur Lösung und zur Heilung, ohne wenigstens die Kraft, es sinnvoll zu ertragen.
   Wer so denken kann, braucht keine psychologische Arbeit mehr an sich selbst. Für den, der so an Gott glaubt und ihn so liebt, ist diese Arbeit längst getan.

Aber der Weg bis zu dieser Stufe ist schmal und steinig. Bis dahin dürfen wir uns ruhig Mühe geben, noch ein wenig an unserem Charakter zu arbeiten, unsere Eigenschaften zu veredeln und auch andere liebevoll zu begleiten. Der Lohn wird groß sein. Also tun wir es einfach!

Lieber Freund, liebe Freundin – nun wünsche ich dir viel Erfolg für dich selbst und – wenn möglich, auch viel Glück bei der Hilfe für andere Personen, die dir nahe stehen. Du wirst durch erstaunliche Erfahrungen belohnt werden. Dein eigenes Ich und das deiner Freunde wird dir bald weit weniger unbekannt sein. Menschen können nahezu Unmögliches vollbringen, wenn sie nur wissen, was sie wirklich wollen, dann einfach anfangen und nicht aufgeben. Ich wünsche dir viel Segen für deine Arbeit. Und wer weiß ? Bei Gelegenheit treffen wir uns vielleicht einmal auf unserer Parkbank am Waldrand ...

In Freundschaft und Liebe –
Deine
Edith Krispien

Gebet um heilige Lebensführung
Von Thomas von Aquin

Was dir gefällt, gewähre mir, barmherziger Gott, eifrig zu begehren, klug zu erforschen, wahrhaft zu erkennen und vollkommen zu erfüllen, zum Lob und Ruhme deines heiligen Namens!

Ordne, o Gott, meinen Lebenskreis, lass mich erkennen, was Du von mir zu tun verlangst, und schenke mir das Vollbringen, wie sich's gehört und meiner Seele nützt. Lass, Herr, mein Gott, im Glück und Unglück mich nicht wanken, so dass im Glück ich mich nicht überhebe und nicht verzage in der Widerwärtigkeit. Lass über nichts mich Freude oder Schmerz empfinden, außer was zu Dir mich leitet oder was von Dir mich wegführt, außer Dir will keinem ich gefallen, zu missfallen fürcht' ich niemandem als Dir.

Gering, o Herr, soll das Vergängliche mir sein und teuer alles, was für ewig bleibt. Missfallen soll mir jede Freude ohne Dich, und was nicht Du bist, will ich nicht begehren. Mit Freud erfülle mich, Herr, die Arbeit, die für dich getan, zum Überdruss jedoch gereiche jede Ruhe ohne Dich.

Lass mich, o Gott, mein Herz zu Dir hinwenden, wenn ich versage, lass mich Schmerz empfinden und gib den festen Willen, wieder aufzustehn!

Mach mich, o Herr, mein Gott, gehorsam ohne Widerspruch, arm – ohne das Gefühl des mindern Wertes, keusch – ohne Prüderie, geduldig – ohne Murren, demütig – ohne Heuchelei, reif – ohne geistige Behäbigkeit, beweglich – ferne von Leichtfertigkeit, Dich fürchtend – ohne dass Verzweiflung mich befällt, wahrhaftig – ohne Doppelzüngigkeit, das Gut wirkend – ohne Selbstgefälligkeit, den Nächsten bessernd – ohne Überheblichkeit, durch Wort und Beispiel ihn erbauend – ohne falschen Schein!

Verleih mir, Herr, mein Gott, ein wachsam Herz, das kein vorwitzig Denken von dir abzieht, ein edles, das niemals unwürdige Neigung zieht nach unten, ein aufrechtes, das nie auf schiefe Wege bringt unselige Absicht, ein starkes Herz, das Trübsal nicht zerbricht, ein freies Herz, das ungestüme Leidenschaft an sich nie kettet.

Schenk mir, o Herr, mein Gott, Verstand, der dich erkennt, Eifer, der dich sucht, Weisheit, die dich findet, Wandel, der dir wohl gefällt, Beharrlichkeit, die gläubig Dich erwartet, Vertrauen, dass am Ende Dich umfängt!

Suche mich heim mit deinen Strafen, dass ich Buße tue!

Lass auf dem Weg zu Dir mich Deine Wohltaten gebrauchen, dass ich begnadet werde.

Lass in der Heimat mich Dein Glück genießen zur Verherrlichung, der Du, mein Gott, ja immer lebst
   und König bist in Ewigkeit.

Amen

Das Modell für das Rad
zum Kopieren

Jede Person, die mit dem Rädersystem arbeiten möchte, benötigt von den leeren Blättern mit den Rädern einen gewissen Vorrat. Da sind zunächst die sechs Grundsitzungen, und für später könnte man noch eigene Ergänzungen von Auswahlrädern anfügen. Wer an dieser Arbeit Freude gewinnt, darf sich ruhig einen Vorrat anlegen.

Es ist zu empfehlen, auf einem Blatt DIN A 4 zu schreiben, denn für die Felder benötigt man doch einigen Platz zum ausfüllen. Es ist ganz einfach abzuzeichnen. Wer es sich aber von der letzten Seite abkopieren will, sollte dafür eine Vergrößerunge wählen.

Nun füllen wir das fertige Rad aus, eines nach dem anderen: Oben kommt die Bezeichnung des Rades hin, dazu der Name der arbeitenden Person und das Datum.

In die dunklen Felder kommt jeweils die Überschrift für das Feld.

In die großen Felder wird eingetragen, was dazu passt. Hierbei ist zu beachten, dass alle vier Felder zu gleicher Zahl aufgefüllt werden sollen. Zwischen 3 und 7. Beginnt man jedoch im ersten Feld mit 7 Punkten, müssen alle anderen auch 7 Punkte erhalten, sonst ist die Ausgewogenheit nicht gegeben.

In das Leere Feld am Ende kommt ein Stichwort über die Bearbeitung. Diese Bezeichnungen sollte jeder für sich finden, sie sind eine Art Arbeitshinweis für jedes Feld.

Und wenn das Rad fertig ausgefüllt ist, setzen wir zu jedem Punkt eine unserer drei ausgewählten Farben dazu. Nach Abschluss der gesamten Arbeit vergleichen wir, welche Farbe sich wo wiederholt (siehe Seite 42). Dabei kommen wir zu erstaunlichen Erkenntnissen über unser unbekanntes Ich.

Als einziges Beispiel gebe ich noch einmal das Rad für die Bezugspersonen an, wobei ich die Überschriften und die Unterschriften ausfülle. (Im Text auf den Seiten 45 bis 47 ausführlich enthalten.) Die Arbeitsfelder bleiben frei, dennn sie sind ja individuell bei jeder Person.

Überschriften:	Unterschriften:
Pesonen, die mich aufgebaut haben (oben links)	mich bedanken (durch Gesaltarbeit)
Personen, die mich niedergedrückt haben (oben rechts)	vergeben, wenn möglich
Personen, die ich niedergedrückt habe (unten links)	um Vergebung bitten
Personen, die ich aufgebaut habe (unten rechts)	keinen Dank erwarten

Gerade an diesem Rad wird das unterschiedliche Gewicht der Eintragungen besonders deutlich. Hier können wir unseren Bezugspersonen noch einmal alles sagen, was wir ihnen zuvor nicht sagen konnten oder was wir einfach versäumt haben. Es hat in den meisten Fällen eine erlösende Wirkung, die tiefe Selbsterkenntnisse vermittelt.